博客思出版社

星象命理 1

巫婆Q 著

消失千年的祕數術——

# 西洋八字

ello !

　　巫婆Q這個命理傻瓜，將生命密碼改弦易轍，重新精密計算，發現了**大・小流年**。它們可以論斷每一年的命運，而且精準到讓人難以置信，所以我將它命名為『西洋八字』。

　　巫婆Q將難解艱澀的易經八字，透過中西合併的思維，創造出簡單易學方程式，並且以圖解展示，讓讀者迅速理解學習，而輕易批算出一生運勢，和每一年流年所發生的事情。這條山高水長，崎嶇坎坷的命理之路，巫婆Q用拙筆發表成書。

　　靈魂投胎來到地球，轉化為人，是渴望學習、體驗生命意涵，創造自我的人生價值。「西洋八字」讓我們生命軌跡、清晰可見。

# 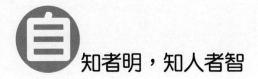知者明，知人者智

自知者明，知人者智
人貴自知且知人，知所進退，則可處事矣！

從小、無論是廟裡的老和尚，或是精通命理的親友，總是對我爸爸說：「這孩子佛緣極深。」

從中國的易經、八字、紫微、風水、玄空、以及西洋的星座、生命密碼，都有極為深入的研究探討。

研習命理30多年，總愛幫親朋好友，甚至陌生人，算命、批命、解命。如今已經精準到，看到新聞事件時，在沒有當事人的生日，就可以精算出此人的命盤和流年。

雖然批算生命密碼的能力，到了爐火純青的地步，但是總想著，如果生命密碼有大小流年，就像是紫微斗數一樣，從出生到死亡，每一年都能預測將會發生什麼事情。」

從此、每天報紙的新聞人物，成為我的功課，我開始日以繼夜、廢寢忘食、披荊斬棘，渴求找出生命密碼中每一年的流年。這條篳路藍縷、顛簸難行、永無止盡，只有傻子才會做的瘋狂事情，終於皇天不負苦心人，真的被我找到了「流年方程式」。

我深信這本書可以幫助朋友們，瞭解自己及他人。因而在人生命運及人際關係上，獲得有效的修改方法。

錄

# Chapter 1 ● ● ● ● ● ● ● ● ● ● ● ● ● ●
## 西洋八字顯神通

# Chapter 2 ● ● ● ● ● ● ● ● ● ● ● ● ● ●
## 數字的意涵

# Chapter 3　● ● ● ● ● ● ● ● ● ● ● ● ● ● ●
## 數的歸納與比較

# Chapter 4　● ● ● ● ● ● ● ● ● ● ● ● ● ● ●
## 流年＋轉換點

# Chapter 5 ● ● ● ● ● ● ● ● ● ● ● ● ● ●

## 流年命盤

# Chapter 6 ● ● ● ● ● ● ● ● ● ● ● ● ●

## 14位名人預言斷命：流年＋流年命盤＋論命

# Chapter 1

## 西洋八字顯神通●●●●●●●●●●●●●●●

巫婆Q：

「破解天機掐指一算，難逃巫婆Q魔掌，打破5000年迷思，八字算命就這麼簡單，讓你~~~~~~五體投地，心服口服。」

# 郭雪芙--嫁入豪門的性感芙蓉

1988年6月30日

| 大流年 | 6、3－9/6 | 1、1－2/3 |
|---|---|---|
| 轉換點 | 19歲 | 28歲 |
| 斷言 | ☆進入演藝圈<br>☆拍攝麥當勞廣告一炮而紅。 | ☆閃婚、嫁入豪門。<br>☆專門跑趴的少奶奶，喜歡媒體閃光燈。 |

| 大流年 | 1、1－2/3 | 3、2－5/8 |
|---|---|---|
| 轉換點 | 37歲 | 46歲 |
| 斷言 | ☆自我意識強烈的貴婦。<br>☆雖然已婚，但新聞仍然不少。 | ☆離婚。 |

## 命盤

主星 8 輔星 3、5
巨蟹座 4 生日魔數 3

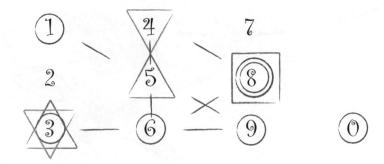

## 郭雪芙--1988年6月30日

0～19歲：

命盤主星 8　　命盤輔星 3、5

巨蟹座 4　　生日魔數 3

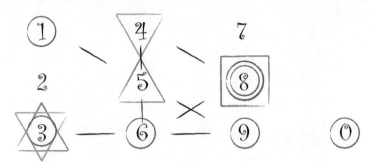

## 第一轉換點：19歲

☆進入演藝圈

☆拍攝麥當勞廣告一炮而紅。

19～28歲：

後天流年主星 9　後天流年輔星 6、3　先天流年數 6

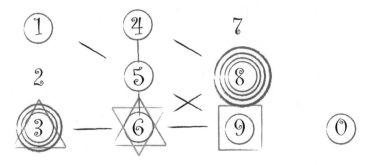

## 第二轉換點：28歲

☆閃婚、嫁入豪門。

☆專門跑趴的少奶奶，喜歡媒體閃光燈。

28～37歲：

後天流年主星 2　後天流年輔星 1、1　先天流年數 3

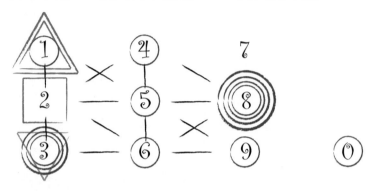

## 第三轉換點：37歲

☆自我意識強烈的貴婦。

☆負面新聞不斷。

37～46歲：

後天流年主星 2　後天流年輔星 1、1　先天流年數 3

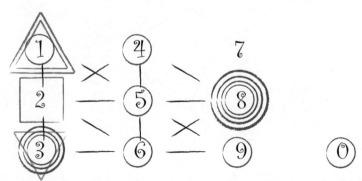

# 第四轉換點：46歲

☆離婚

46～55歲：
後天流年主星 5　後天流年輔星 3、2　先天流年數 8

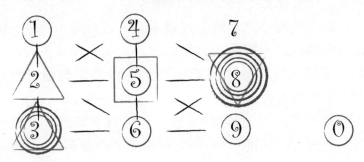

## 55歲之後

命盤主星　8　　　命盤輔星　3、5
巨蟹座　4　　　　生日魔數　3

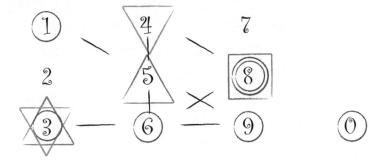

### 郭雪芙論命

2013年百大性感美女NO1郭雪芙，19歲為楊大衛所發掘，拍攝麥當勞廣告一炮而紅，從此橫跨戲劇和歌唱，人氣更是扶搖直上，成為新生代偶像。

郭雪芙從小就出落的婷婷玉立，有如出水芙蓉，陽光般的燦爛笑容，擄獲不少粉絲的心。批完郭雪芙的八字、ㄡ！真是不得了喔！我斷言28歲、無預警**閃婚**，嫁入豪門，當少奶奶去也。

郭雪芙先天命盤358，哇！很多嫁入豪門，或是娶豪門千金的人，都是358的命格喔！先天命盤有8，命中帶財易有遺產，或是長輩支援經濟，命中主帶貴人運。郭雪芙用媽媽留下的遺產，在桃園買了一間房子，穩當包租婆，就是358逢4的命格。

流年從28歲開始，往後20年，後天流年主星都走2數，又逢358命格、所以巫婆Q斷言一定閃婚，嫁入豪門，因為後天流年主輔星為2、9、1、1－2，又逢先天流年數3，是個自我意識強烈的少奶奶。郭雪芙的思緒複雜、敏感，1數主獨立，有主見。2數則是完全相反的依賴、愛家，兩者背道而馳、互相衝突。

俗話說的好：豪門深似海。命中顯示郭雪芙的這段婚姻，會經營的很辛苦，因為她必須面面俱到，擁有全方位的能力。

經過28~37歲，10年的鍛鍊和調適，37歲以後，郭雪芙逐漸成熟，成為內外兼具的豪門少奶奶。可是非常有個性的郭雪芙，在婚姻關係上，仍然會有不間斷的大小衝

突，46歲是一個大關卡，**離婚**的機率很高喔。

郭雪芙是個聰明絕頂的小孩，進退應對非常得體，工作上又全力以赴，加上郭雪芙想要成功的慾望，比一般人都強，所以她的成功是指日可待的。

# 林書豪--名利雙收的哈佛小子

1988年8月23日

| 大流年 | 1、3－4／8 | 3、1－4／5 |
|---|---|---|
| 轉換點 | 24歲 | 33歲 |
| 斷言 | ☆帶領NBA尼克隊，連贏七場比賽，引起全世界注意，被稱為林來瘋。 | ☆閃婚<br>☆離開美國，到海外打職籃。 |
| 大流年 | 4、4－8／5 | 3、4－7／8 |
| 轉換點 | 42歲 | 51歲 |
| 斷言 | ☆41歲職籃退休，致力公益基金會，其有極大的影響力。 | ☆運用良好人脈，與企業合作，擴大商業版圖 |

## 命盤

主星 3　輔星 1、2　隱藏輔星 3、9

處女座 6　生日魔數 5

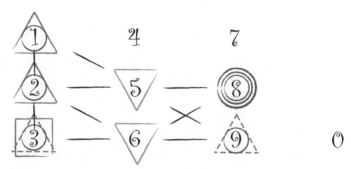

## 0~24歲

命盤主星 3      命盤輔星 1、2      命盤隱藏輔星 3、9
處女座 6      生日魔數 5

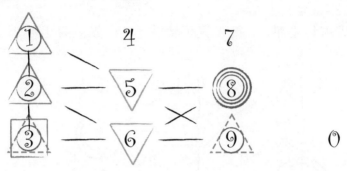

## 第一轉換點：24歲

☆帶領NBA尼克隊，連贏七場比賽。
☆引起全世界注意，被稱為**林來瘋**。

24~33歲：
後天流年主星 4      後天流年輔星 1、3      先天流年數 8

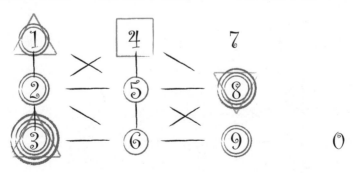

## 第二轉換點：３３歲

☆閃婚。

☆離開美國，到海外打職籃。

33~42歲：
後天流年主星 4　後天流年輔星 3、1　先天流年數　5

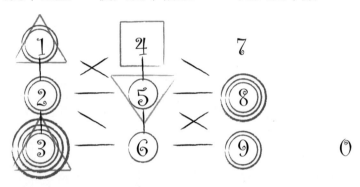

## 第三轉換點：４２歲

☆41歲職籃退休。

☆致力公益基金會，其有極大的影響力。

42~51歲：
後天流年主星 8　後天流年輔星 4、4　先天流年數　5

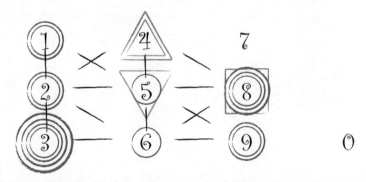

## 第四轉換點：51歲

☆運用良好人脈，與企業合作，擴大商業版圖。

51~60歲：
後天流年主星 7　後天流年輔星 3、4　先天流年數 8

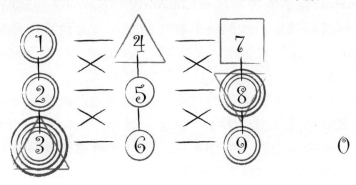

## 60歲之後

命盤主星 3　　命盤輔星 1、2　　命盤隱藏輔星 3、9
處女座 6　　　生日魔數 5

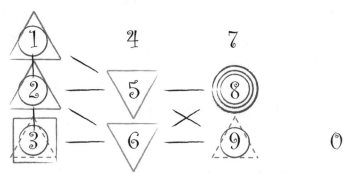

## 林書豪論命

2012年2月4日、美國NBA尼克VS籃網，林書豪替補上場36分鐘，得到全場最高25分，粉絲們以Lin＋insanity組合而成新詞彙Linsanity。不可思議的7連勝，讓林書豪成為全球矚目焦點，這是一個全世界都難忘的故事，從此他的命運180度改變，而這神奇的轉淚點，就在24歲那年。

自小智勇雙全的林書豪，是個調皮搗蛋的頑皮豹，林書豪會唸到哈佛大學，完全是媽媽一個鞭子、一根棍子，威脅利誘下，強迫出來的。其實林書豪他只愛玩，愛打球，唸書不是他的興趣。

258連線，林書豪口才一級棒的好，尤其在鏡頭前侃侃而談，毫不怯場，具有讓人著迷的明星魅力。林書豪是處女座第六宮，又逢8月出生、所以68連線－隱忍線，每次遇到困難時，他不會無謂抱怨，只會偷偷將淚水往肚裡吞。林書豪曾說過：當他被下放時，他總是躲在棉被裡偷哭。

24~33歲的林書豪，因為456坐命，絕對是個優秀的控衛，組織能力非常好。

雖然球隊一直放話，想要交易林書豪，但是流年走4的他，總能險中求生，在NBA生存下去。

## 巫婆Q預言：

　　林書豪會持續打籃球，直到41歲退休。林書豪將會努力不懈、持續鍛鍊籃球技巧，雖然受限於東方人的體能限制，他的表現不盡理想，但是24~33歲先天流年走8，後天流年主星4、輔星1、3。4－8為好強線，4為智多星，鬼靈精怪一流，加上貴人相助。所以、林書豪在NBA的強人陣中，還是能夠生存地。

　　33~42歲先天流年數5，後天流年依然是主星4、輔星1、3，5為變動星。斷言：將離開美國，到海外打球。林書豪在40歲之前，流年都走4，所以當他薪資大漲後，林書豪立刻在休士頓買了一間小房子，4數最喜歡購買房產。林書豪會在32歲時，無預警的閃婚，其妻子面貌矯好、身材優美，是個標準的東方美女。

　　42~51歲、先天流年走5，後天流年主星8、輔星4、4。42歲這一年是一個巨大的轉變年，林書豪將會轉往公益基金會服務，8數一定是創業，並且和商業有關，4、4－8又是大格局的特異魔數，林書豪將商業和公益做出完美結合，事業版圖也大幅擴張。

　　51歲以後、先天流年走8，後天流年主星7、輔星3、4，貴人運加持，林書豪將在大企業的協助下，有驚天動地的大作為，且成就傲人、名利雙收。

　　「林來瘋」的另一個傳奇故事，將重現江湖。

# 計算魔數--Calculate

**生日數字：**

西元生日的年、月、日，每個數字，畫一個圓圈。

**輔星：**

將國歷生日，西元的年、月、日，個別的數字相加。總合為兩位數，再將此數字相加，直到個位數為止。最後得到的個位數是**主星**，總合的雙位數字是**輔星**。

**隱藏輔星：**

西元生日的年、月、日，每個數字相加，第一次的總和。此雙位數的總和，它的個別數字，就是隱藏輔星。將第一次的總和相加，而得到第二次的雙位數總和，此雙位數的個別數字，就是輔星。

(如果生日的總合，需要相加兩次，才能得到個位數字，則第一次的雙位數數字，視為**隱藏輔星。**)

**主星：**

西元生日的年、月、日，每個數字相加，所得到的雙位數總和。將此雙位數總和，它的個別數字相加，所得到的個位數字，就是**主星**。

**星座宮位：**

每個星座依照順序，所代表魔數的數字。

**生日魔數：**

將生日數相加，所得到的個位數字，就是每個人的
生日魔數。

如果生日數為個位數字，則此數字就是生日魔數。

# 圖解方程式

範例1

年 ＋ 月 ＋ 日 ＝ 雙位數的總和

十位數　　個位數

輔星　　　輔星

輔星 ＋ 輔星 ＝ 主星

範例2

年 ＋ 月 ＋ 日 ＝ 雙位數的總和

十位數　　個位數

隱藏輔星　　隱藏輔星

(隱藏輔星 ＋ 隱藏輔星 ＝ 第二次、雙位數的總和)

十位數　個位數

輔星　　輔星

輔星 ＋ 輔星 ＝ 主星

## 命盤格式--BOX

所有命盤數字的排列方式，皆以此格式為基準。

1        4        7

2        5        8

3        6        9        0

## 命盤磁場強弱

生日數字：　　　○

符號是一個圓圈，磁場分數為 1 分。

輔星：　　　　　△

符號是一個正三角型，磁場分數為 3 分。

隱藏輔星：　　　△

符號是一個虛線的正三角型，磁場分數為 1 分。

主星：　　　　　□

符號是一個正四方型，磁場分數為 6 分。

星座宮位：　　　▽

符號是一個倒三角型，磁場分數為 3 分。

生日魔數：　　▽

符號是一個倒三角型，磁場分數為 3 分。

巫婆Q：

「磁場分數越強，代表的性格特徵就越強。完全沒有符號的數字，就表示缺乏這個性格特徵。」

## 主、輔星之解説

☆ 有隱藏輔星的人，心思較細膩、多元。

範例：國曆1988年 8 月 5 日

主星： 3　　輔星： 1、2　　隱藏輔星：3、9

☆主星和輔星相同的人，會執著於某個性格，人生較為兩極。

範例：國曆1964年 5 月 23日

主星： 3　　輔星： 3、0

☆輔星2個數字相同的人，其磁場強度與主星相同。

範例：國曆1947年 6 月 15日

主星： 6　　輔星： 3、3

# 星座與魔數

| 星座 | 宮位 | 魔數 | 解析 |
| --- | --- | --- | --- |
| 牡羊座 | 一 | 1 | 因為是第一宮,所以在命盤是數字1。 |
| 金牛座 | 二 | 2 | 因為是第二宮,所以在命盤是數字2。 |
| 雙子座 | 三 | 3 | 因為是第三宮,所以在命盤是數字3。 |
| 巨蟹座 | 四 | 4 | 因為是第四宮,所以在命盤是數字4。 |
| 獅子座 | 五 | 5 | 因為是第五宮,所以在命盤是數字5。 |
| 處女座 | 六 | 6 | 因為是第六宮,所以在命盤是數字6。 |
| 天秤座 | 七 | 7 | 因為是第七宮,所以在命盤是數字7。 |
| 天蠍座 | 八 | 8 | 因為是第八宮,所以在命盤是數字8。 |
| 射手座 | 九 | 9 | 因為是第九宮,所以在命盤是數字9。 |

| 摩羯座 | 十 | 101 | 因為是第十宮，數字是10，必須將兩位數相加，變成個位數，1＋0＝1，所以在命盤中是1、0、1，三個數字。 |
|--------|-----|-----|------------------------------------------------------------------------------------------------------|
| 水瓶座 | 十一 | 112 | 因為是第十一宮，數字是11，必須將兩位數加相變成個位數，1＋1＝2，所以在命盤中是1、1、2，三個數字。 |
| 雙魚座 | 十二 | 123 | 因為是第十二宮，數字是12，必須將兩位數加相變成個位數，1＋2＝3，所以在命盤中是1、2、3，三個數字。 |

## 命盤符號--Mark

範例1

國曆 1964年 5月 23日

1 + 9 + 6 + 4 + 5 + 2 + 3 = 3 0
　　年　　　月　日　　總和

3 + 0 = 3

輔星＋ 輔星 ＝主星

生日數字：1、9、6、4、5、2、3

輔星： 3、0

主星： 3

星座宮位：雙子座 3

生日魔數： 5

範例2

國曆 1958年 6月 17日

1 + 9 + 5 + 8 + 6 + 1 + 7 = 3 7

　　年　　　　月　　日　　總和

3　+　7　= 10

隱藏輔星＋隱藏輔星＝第二次總和

1 + 0　= 1

輔星＋輔星＝主星

生日數字：1、9、5、8、6、1、7

輔星：　1、0

隱藏輔星：　3、7

主星：　1

星座宮位：雙子座　3

生日魔數：　8

範例3

國曆　1962年 10月 8日

1 + 9 + 6 + 2 + 1 + 0 + 8 = 2 7

　　年　　　　月　日　總和

2 + 7 = 9

輔星 + 輔星 ＝主星

生日數字：1、9、6、2、1、0、8

輔星： 2、7

主星： 9

星座宮位：天秤座 7

生日魔數： 8

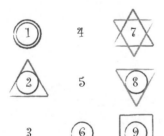

## 主連線之意涵--Meaning

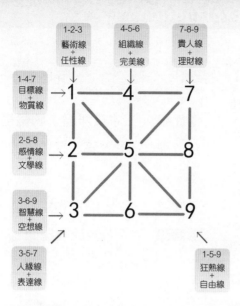

1-2-3
藝術線
+
任性線

4-5-6
組織線
+
完美線

7-8-9
貴人線
+
理財線

1-4-7
目標線
+
物質線

2-5-8
感情線
+
文學線

3-6-9
智慧線
+
空想線

3-5-7
人緣線
+
表達線

1-5-9
狂熱線
+
自由線

## 副連線之意涵--Meaning

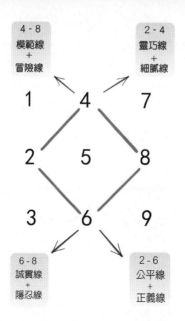

4 - 8
模範線
+
冒險線

2 - 4
靈巧線
+
細膩線

6 - 8
誠實線
+
隱忍線

2 - 6
公平線
+
正義線

## 連線詳解--Explanation

| 連線 | 正向 | 負向 | 解說 |
|---|---|---|---|
| 123 | 藝術線<br>聰敏線<br>獨立線 | 任性線<br>自負線 | 才華洋溢、聰慧過人<br>在文藝上有傑出的表現 |
| 456 | 組織線<br>完美線<br>秩序線 | 菲傭線<br>潔癖線 | 組織運作能力強、<br>善於解決問題 |
| 789 | 貴人線<br>理財線<br>權力線 | 懶惰線<br>功利線 | 宗教與哲學有<br>很深的機緣<br>善於以錢滾錢的理財方式 |
| 147 | 物質線<br>目標線<br>安全線 | 拜金線<br>開創線 | 設定目標、全力衝刺<br>求取金錢上的安全感 |
| 258 | 感情線<br>文學線<br>表達線 | 八掛線<br>碎嘴線 | 優良的文學造詣<br>成就天生的好口才 |
| 369 | 智慧線<br>朋友線<br>創意線 | 作夢線<br>空想線 | 適合運用團隊合作<br>開創大格局的事業版圖 |

| | | | |
|---|---|---|---|
| 159 | 事業線<br>自由線<br>工作狂線 | 狂熱線<br>肥胖線 | 渴望擁有自己的事業<br>自創謀生之道，<br>強烈企圖心 |
| 357 | 人緣線<br>風頭線<br>表達線 | 小人線<br>隱私線 | 精準掌握機會<br>善於溝通、討人喜歡 |
| 24 | 靈巧線<br>細膩線 | 憂鬱線<br>詭詐線 | 運用巧智，贏得內心需求 |
| 26 | 公平線<br>正義線 | 利用線 | 要求付出和報酬的平衡 |
| 68 | 誠實線<br>隱忍線 | 虛偽線 | 為了大局，<br>隱藏內心感受<br>而委曲求全 |
| 48 | 模範線<br>冒險線 | 焦慮線 | 好強好勝，凡<br>事總要爭第一 |

## 連線--Line

範例1

國曆1964年 5月 23日

$1 + 9 + 6 + 4 + 5 + 2 + 3 = 30$    $3 + 0 = 3$

生日數字：1、9、6、4、5、2、3

輔星： 3、0         主星： 3

星座宮位：雙子座 3         生日魔數： 5

主連線： 1—2—3

1—5—9

3—6—9

4—5—6

副連線： 2—4

2—6

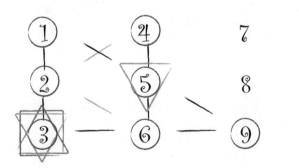

## 範例2

國曆1958年 6月 17日

$1 + 9 + 5 + 8 + 6 + 1 + 7 = 37$

$3 + 7 = 10$       $1 + 0 = 1$

生日數字：1、9、5、8、6、1、7

輔星： 1、0    隱藏輔星： 3、7    主星： 1

星座宮位：雙子座 3    生日魔數： 8

主連線： 1—5—9

           3—6—9

           3—5—7

           7—8—9

副連線： 6—8

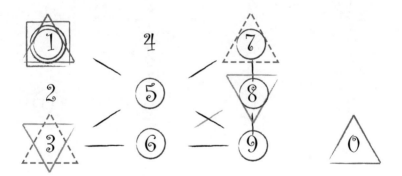

## 範例3

國曆1962年 10月 8日

$1 + 9 + 6 + 2 + 1 + 0 + 8 = 2\ 7$

$2 + 7 = 9$

生日數字：1、9、6、2、1、0、8

輔星： 2、7　　　　主星： 9

星座宮位：天秤座 7　　　生日魔數： 8

主連線： 7—8—9

副連線： 2—6

6—8

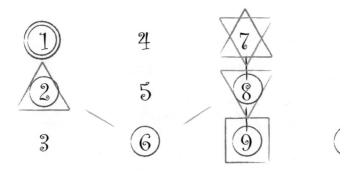

# 星座之優缺點

| 魔數 | 宮位 | 星座 | 優點 | 缺點 |
|---|---|---|---|---|
| 1 | 一 | 牡羊 | 直率、競爭、大膽、自由、好鬥、獨立、直接、行動派、勇於嘗試、出人頭地 | 蠻橫、性急、粗魯、草率、自我、孤傲、特立獨行、刀子嘴豆腐心 |
| 2 | 二 | 金牛 | 忠貞、保守、耐力、自制力、文藝能力、外表溫和順從、內心堅強毅力、如大地般包容萬物 | 緩慢、懶惰、貪婪、物慾、固執、保守牛脾氣 |
| 3 | 三 | 雙子 | 機靈、好奇、健談、萬花筒、雙重個性、活力聰明、推理超強才華洋溢 | 膚淺、花心、一半天使、一半惡魔、見異思遷、優柔寡斷、高談闊論、多變貪新鮮 |
| 4 | 四 | 巨蟹 | 保守、母性、同情心、組織力、內冷外熱、熱情正直、謹慎細膩、溫柔關懷 | 猜疑、防衛、消極、愛嘮叨、情緒化、多愁善感、自我保護、強悍外表、柔弱內心 |
| 5 | 五 | 獅子 | 高貴、大方、驕傲、幽默、出風頭、喜交際、愛面子、不拘小節、熱情助人、喜呼朋引伴、樂觀海派 | 獨裁、頑固、傲慢、虛榮、好強、權勢、炫耀、專橫、自大武斷、權力慾強 |

| 6 | 六 | 處女 | 周到、秩序、勤奮、精準、整潔、細膩、知性、服務精神、聰明能幹、追求成長、完美主義 | 古板、潔癖、多疑、嘮叨、神經質、不妥協、愛批評、吹毛求疵、雙重人格、小題大做 |
|---|---|---|---|---|
| 7 | 七 | 天秤 | 浪漫、高尚、公正、平衡、冷靜多謀、領悟力+理解力+邏輯力強、協調均衡、唯美主義、浪漫與現實、依賴與獨立、衝動與理智、優柔與果決 | 輕浮、善變、妥協、偽善、鄉愿、易生氣、缺乏主見、要求完整、優柔寡斷 |
| 8 | 八 | 天蠍 | 冒險、謀略、沉穩、義氣、耐力、直覺強、喜挑戰、冰雪聰明、生意頭腦、神秘探試及吸引力 | 現實、好鬥、冷酷、善謀略、佔有慾、疑心病、外表冰冷、內在熱情、高深莫測、害怕孤獨、報復心強、強悍不妥協 |
| 9 | 九 | 射手 | 坦率、開明、正義、包容、樂天、理想、慷慨、重朋友、喜朋友 | 隨性、誇張、浪費、衝動、花心、貪玩、缺乏耐性、大而化之、自我放縱 |

| | | | | |
|---|---|---|---|---|
| 101 | 十 | 摩羯 | 耐心、小心、踏實、保守、謹慎、紀律、最勤奮、有耐心、埋頭苦幹、意志堅決、堅忍踏實、孤獨嚴肅、背負責任不屈不撓、白手起家、冷靜判斷力 | 冷漠、吝嗇、功利、悲觀、陰沉、嚴肅、最孤獨、喜控制、心狠手辣、愛恨分明、堅持己見、不達目的不罷休 |
| 112 | 十一 | 水瓶 | 觀察、推測、獨立、革新、科學、自由、理想、特異性、人緣佳、革新派、人道主義、自由浪漫、求知慾強、冷靜善思考 | 怪癖、古怪、分裂、激進、叛逆、孤癖、無情、難測、三分鐘熱度、獨立叛逆、個人主義、變幻莫測、愛說反話 |
| 123 | 十二 | 雙魚 | 慈悲、靈動、浪漫、夢幻、好施捨、適應強、幻想家、敏感機靈、善解人意、多才多藝、仁慈寬厚、受人矚目 | 拖延、曖昧、迷糊、犧牲、虛無、冒險、憂愁、多愁善感、捨己助人、精靈古怪、浪漫多疑、雙重性格、敏感多慮、曖昧不明、狂妄夢想 |

# 星座基本概念

| 宮位 | 星座 | 日期 | 季節 | 象性 | 宮位 | 關鍵字 | 相處之道 |
|------|------|------|------|------|------|--------|----------|
| 1 | 牡羊 | 3/21~4/20 | 春 | 火象 | 基本 | 活力 | 信任、謙恭 對他要給予尊重 |
| 2 | 金牛 | 4/21~5/20 | 春 | 土象 | 固定 | 堅韌 | 深交、忍耐 喜歡忠誠的朋友 |
| 3 | 雙子 | 5/21~6/21 | 春 | 風象 | 變動 | 聰慧 | 傾聽、理解、感同身受 跳躍的思維模式 |
| 4 | 巨蟹 | 6/22~7/22 | 夏 | 水象 | 基本 | 愛家 | 真實、不要欺騙、給予安全感 |
| 5 | 獅子 | 7/23~8/22 | 夏 | 火象 | 固定 | 驕恣 | 愛、讚美 迂迴暗示 吃軟不吃硬 |
| 6 | 處女 | 8/23~9/22 | 夏 | 土象 | 變動 | 完美 | 保守秘密 小心維護 井然有序 不能侵犯他的私領域 |

| | | | | | | |
|---|---|---|---|---|---|---|
| 7 | 天秤 | 9/23~10/22 | 秋 | 風象 | 基本 | 公平 | 以柔剋剛<br>各退一步<br>協調一下<br>重視他<br>的感覺<br>一定要<br>回饋 |
| 8 | 天蠍 | 10/23~11/22 | 秋 | 水象 | 固定 | 神秘 | 不隱瞞<br>事事聽話<br>呵護包容<br>真誠相待<br>喜歡有空<br>間的交往 |
| 9 | 射手 | 11/23~12/21 | 秋 | 火象 | 變動 | 博愛 | 充份理解<br>欣賞他<br>的自由<br>和理想<br>加入他的<br>朋友圈 |
| 10 | 摩羯 | 12/22~1/19 | 冬 | 土象 | 基本 | 踏實 | 請教、<br>感動他<br>給面子、<br>溫馨關懷<br>精神上<br>的潔癖<br>喜和成熟<br>人交往<br>先付出<br>感情 |

| | | | | | | | 理解不強辯<br>包容他的雙重個性<br>渴望懂自己的人<br>順著他的多變<br>以不變應萬變 |
|---|---|---|---|---|---|---|---|
| 11 | 水瓶 | 1/20~<br>2/19 | 冬 | 風象 | 固定 | 性格 | |

| | | | | | | | 充份信任<br>耐心等待<br>欣賞他的才華<br>並讚美 |
|---|---|---|---|---|---|---|---|
| 12 | 雙魚 | 2/20~<br>3/20 | 冬 | 水象 | 變動 | 聰穎 | |

## 製作命盤的步驟--Prodution

1. 由生日數字 ＋ 主、輔星 ＋ 星座 ＋ 生日數
→ 命盤

1       4       7

2       5       8

3       6       9       0

2. 畫上主、副連線
→ 完整的命盤

# Chapter 2

## 數字的意涵--Number ● ● ● ● ● ● ● ● ●

巫婆Q：

「數字、是神的密碼，我解開了天機。」

## 1的數字意涵 -- 領袖人物

神秘圖騰：●

優點：意志堅定的戰鬥家
果斷、正義、霸權、自傲、承擔、勇氣、樂觀、力量
急性子、獨特性、原創性、桀驁不馴
直來直往、發號施令、特立獨行、標新立異、嫉惡如仇

缺點：衝動極端的烈士
偏執、吹牛、苛求、嫉妒、強硬、殘酷、野蠻
固執己見、橫衝直撞、自以為是、博而不精、高傲自私
自尊心強、瞧不起別人、人際關係不協調、要求凡事配
合他

# Ares　阿瑞斯

　　被視為武士精神的「戰神」，是天神宙斯和妻子希拉，所生的獨子，他是一位英勇善戰、百戰不厭、毫無畏懼的英雄。

　　Ares代表暴力和血腥的戰爭，意為眾軍之首，他的四匹戰馬，分別稱為－燃燒、暴亂、火燄、恐怖。Ares是力量與霸權的象徵，嗜殺、血腥與禍災的化身。

　　Ares長得相貌非凡、魁梧壯碩、威風凜凜，他頭戴鋼盔，身披甲冑，手握銅矛，咄咄逼人，身旁跟著獵犬和鷹鷲。只要聽到戰鼓聲就手舞足蹈，聞到血腥味就興奮異常，格鬥廝殺更是家常便飯。

　　Ares實事求是、情感強烈，本性魯莽衝動，善武好鬥，他的自私更是出了名地。

　　1數人的特質，獨立自主、果斷明快，有時會單槍匹馬、獨自一人往前衝，往往忽略後面跟隨的團隊早已脫節。反而容易形成個人和單位的嚴重對立。

　　1數人直來直往，不喜歡隱瞞自己的情感和需求，當然包括目標。他們最大的問題在於，太在乎自己的利益，而乎略別人的感受，1數人不擅長抽象思考、或是分析細節度高的事物。

　　很多狂熱份子，都是1數人。

　　高高在上，強如王侯的主管。1數的人，天生就是個才華出眾的靈魂人物，得天獨厚的魅力，不自覺散發的

自信，使得人們不由自主，順理成章的以1數人為中心。

　　1數人也能恰如其分的帶領團隊，完成公司目標。他們衝勁十足、自動自發、精力充沛，1數人希望所有人，都和他們一樣獨立自主，如果碰到慢條斯理的人，他們馬上面露不悅。1數人做事果斷，擁有決策者的魄力，他們喜愛獨一無二的事物，絕不會盲目跟隨潮流，喜歡擁有自創的獨特風格。

　　如果1數人願意放下身段，虛懷若谷，多與旁人合作互動，會有更多成就和人緣。而不是恃才傲物到自私自利、目中無人，如此、眾人才會心甘情願的擁護他。

　　1數人的脾氣暴躁，一旦不如他意，立即發飆、毒言狠批，甚至潑婦罵街，甩頭就走。他們都是直截了當、一針見血，讓人有莫大的壓力。

　　**1數人適合獨自完成、事必躬親的SOHO族**

## 2的數字意涵 -- 合作伙伴

神秘圖騰：

優點：和平包容的浪漫家
可靠、安靜、溫柔、敏銳、體貼、愛家、品味、耐心
善分析、人緣佳、氣質出眾
注重細節、鑑賞力強、文筆優美、協調性高、配合度高
、文藝能力傑出

缺點：犧牲自我的橡皮糖
倚賴、挑剔、抱怨、記恨、軟弱、沮喪
神經質、易受傷、無主見、善獻媚
優柔寡斷、杞人憂天、雙重性格、三心二意、耳根子
軟、等著別人來幫忙

# Hera　赫拉

「婚姻之神」Hera，是希臘的天后，地位和權力最高的女神、也是宙斯的太太。Hera意為高貴的女主人，她擁有一雙洞悉事物的大眼睛，主司婚姻和生育，Hera默默忍受丈夫，在外面拈花惹草，外遇不斷，但是Hera仍然誓死捍衛家庭。

Hera國色天香、喜愛穿著戰袍現身，頭戴鑲有花葉的冠冕，每每出巡，都是雷霆閃電相伴，她能呼風喚雨、行使雷電，眾神尊稱為神母。她的聖物有石榴、布穀鳥、孔雀和烏鴉。

Hera生性多疑善妒，她的報復心非常強烈。雖然Hera對丈夫不離不棄，但是她眼中容不下，丈夫外遇所生的私生子，Hera採取趕盡殺絕的殘暴手段來剷除這些私生子。

2數人的特質，依賴心重，喜歡細膩觀察身邊的人、事、物，並加以分析批判。情緒化的他們，敏感又愛抱怨。

2數人是個溝通高手，協調人事的最佳橋樑，在他們眼中，所有的事物，都有很多層面和多向思維，別人看不到的細節，2數人一目了然，並且可以清楚分析並解決。

但是這種敏銳性，反而讓2數人將事情變得複雜化，所以他們時常三心二意、難以抉擇。

2數人具有一種隱藏的"雙向性格"，他們活在兩種

世界裡，2數人善於將真實想法隱藏起來，表現出另一種假象，容易造成旁人覺得2數人表裡不一、甚至虛偽的不良印象，這對善良、溫馴的2數人，是莫大的傷害。

2數人擁有敏感、銳利的直覺力，擅長分析，比對事物上的正反二面，尤其在細節上的掌控，更是無人能敵。加上人際運用上的協調搭配，在團隊運作中，是不能缺少的基層支柱。

倚賴性超強的2數人，喜歡朋友相伴，他們渴望熱鬧、溫馨的環境。因此容易讓人誤解為，2數人需要別人服侍，或是利用朋友的錯誤假象，而造成困擾或負擔。

2數人是外交及公關高手，擅於表達溝通，他們的強項是精於分工，並且思慮細膩平穩，對於精密細節的工作，2數人是最佳人選。2數人親切的笑容，及微微散發的母愛情感，讓人們深深地愛上他們。

2數人需要學會獨立自主，並且自己下決定，不能凡事拖泥帶水、懸而未決。尤其在感情上，如果不願面對殘酷事實的癡人說夢，都只會帶給自己更多傷痛，最終反而造成2數人尖酸刻薄的言行，和兩敗俱傷的下場。

2數人太注重細節，喜歡思考發問，常常流於挑剔和抱怨，有時還會將自己的失敗，怪罪他人。2數人主張多面向的善惡人生，他們喜歡探討黑暗面，所以會有比較多的負面情緒產生。

2數人適合從事細微工作，例如醫學、精密科技的特殊人才。

## 3的數字意涵 -- 創意名師

神秘圖騰：

優點：華麗高貴的夢想家
聰明、活力、時尚、幽默、熱忱、活潑
樂天派、開心果、善交際、點子多、好相處
公關強將、獨領風騷、遊戲人間、炒熱高手、及時行樂

缺點：異想天開的膽小鬼
誇張、做作、迷糊、虛榮、撒謊、浪費、自戀、膚淺
強出頭、購物狂、易衝動
虎頭蛇尾、毫無計劃、跳躍思維、逃避責任、漫不經心
多情風流、搬弄是非

# Venus　維納斯

「性愛之神」Venus，代表愛情、美麗和性慾，她掌管所有情感。Venus也是希臘眾神中，最美麗的女神。

Venus是天海中的泡沫化身而成。剛出生的Venus從巨大貝殼中走出來，像曙光一樣潔白無暇，她赤腳走在海灘上，雙腳所觸及之處，瞬間綻放鮮花，光陰女神為她戴上鑲金嵌銀的冠冕，穿上五彩繽紛的衣裳，還繫上一條金絲腰帶。Venus彷彿白晝閃爍的光芒，粉嫩的面頰宛如桃花，水汪汪的大眼睛好比湛藍的海水，眾神見到美貌非凡、楚楚動人的Venus，都為之傾倒。

美豔絕倫、一代尤物的Venus，卻是個背叛丈夫的妻子。她性格大方、單純率真。Venus認為、生活就是享樂、愛情是不可以壓抑，她覺得男女雙方只要陷入愛戀，就要不計後果的佔有對方。

Venus因為長的太美、太迷人了，很多人愛上她，她也經常墜入情網，而Venus享受每一段戀情，並鼓勵大家放手去愛。

3數人的特質是，理想、夢幻、虛榮、擅交際、強出風頭，富有創意思維。3數人社交手腕高超，喜歡歡樂的氣氛，善於營造笑點，逗人開心，這使得他們擁有優越的成就感和滿足感。

3數人也是"美"的化身，他們對於美、有強烈的靈感和敏銳度，3數人的伴侶一定是俊男美女，標準外貌協會的成員。

表面上3數人很滿足現況，但是實際上、3數人的內

心是不快樂的。他們的眼光太高、要求太多、目標又太大，重點是3數人凡事只看表面、不求甚解，不願意花功夫深入探討。因為他們深怕當事實真相被揭開後，才發現自己的判斷是錯誤的，這是非常沒有面子的事情。

所以3數人有時會活在自己的虛擬世界中。

3數人是上帝創造出來，美化人間的精靈。

3數人充滿夢想、創意及天馬行空的怪點子，他們的藝術靈感、天賦異稟，無人能敵，許多優異的藝人都有強烈的3數。

任性自負、鬼靈精怪、難以捉摸的性格，使得3數人因為無法達到要求而悶悶不樂，但是要搞定3數人非常簡單，只要甜言蜜語的讚美他們，立刻撥雲見日、陽光普照、歡天喜地。

3數人熱情奔放、他們享受掌聲，樂於將歡笑帶給別人，有時3數人像個被寵壞的小孩，任性自私、隨心所欲，時常把旁人視為無物，甚至被氣到眼冒金星而不自知。

3數人的不快樂，是因為他們設定的目標，夢幻到不切實際，並且希望一步登天、其實只要他們願意調降目標，或是按部就班，一步一步完成工作，多些理智，所有困難都可以迎刃而解。可是這麼簡單的道理，對於3數人而言，卻是難如登天，讓旁人搖頭嘆息。

3數人是膚淺的，想法單純又跳躍，他們喜歡流言斐語的小道消息，所以時常受騙上當。可是3數人非常好面子，死鴉子嘴硬，死不認錯，明明自己理虧，還要面紅耳赤強爭辯到底。

3數人適合創意行銷，動動腦袋的文創設計工作。

# 4的數字意涵 -- 執行高手

神秘圖騰：

優點：冷靜內斂的挑戰家
可靠、誠懇、穩重、安定、踏實、喜儲蓄、安全感、善企劃、目標性
條理分明、呼朋引伴、深思熟慮、注重實質、組織力強
聚財有方、精益求精、任勞任怨、未雨綢繆

缺點：冥頑小氣的臭石頭
約束、嫉妒、挑剔、吝嗇、保守、逃避、自私
不變通、悶燒型、善用心機、閉門造車、防衛心強
視財如命、利用他人、心胸狹隘、不善溝通

# Demeter　德墨特爾

「豐收女神」Demeter掌管土地的豐收，負責供應世界萬物所需要的食物，是農業的保護神，被稱為"灶神"，保佑各種農作物的生長。人們認為大地是生命之源，萬物之母，而萬物最終又再歸回大地。

Demeter贈與人們麥穗，教導人們耕種，她騎著一輛由巨龍引領的神車，到處傳播農業技術。Demeter也是海神的妻子，海神代表水，而農業正需要水。

有一天Demeter的女兒被抓到冥府，Demeter日以繼夜、翻山越嶺、不吃不喝找遍全世界。在這一段時期裡，所有糧食不再生產，地球進入了冬眠狀態，天神宙斯要Demeter解決問題，但是Demeter堅持要把女兒先放回來，宙斯只好讓步，並釋放Demeter的女兒。

宙斯為了處罰Demeter的女兒，在她離開冥界之前，偷偷給Demeter的女兒，吃了一顆石榴，因此她受到控制。所以、Demeter的女兒每一年都必須回到冥府三個月，這就是人間的冬季，而在冬天裡，地球不生產任何農作物，其它9個月，大地依舊春暖花開、萬物生長。

4數人的特質，尋求並建立安全感，他們不喜歡改變和冒險，善於組織架構及運用智慧，使事物更加穩定成長。4數人的人生哲學非常強而有力，他們做任何事情，一定要求風險降到最低，預估的損失也要最少，這是4數人成功的關鍵。

4數人如果遇到重大挫折，他們會鬱鬱寡歡、一蹶不

振，甚至躲藏起來，自我療癒。4數人討厭吵架，他們發怒的方式，就是默默離開，消失不見。

4數人對於自己的目標，非常清楚，善於腳踏實地的追求利益。4數人喜歡自我探索，追尋真理。他們需要建立一個，在安全基礎上的幸福堡壘，並且全力保護，這個辛苦建立的城堡，絕不讓任何人奪取或破壞。

4數人的安全感、必須是可以觸摸到的實體，例如：現金和房地產，他們不相信虛無縹緲的紙上富貴（股票、基金），所以4數人的名下，多數擁有房產。

4數的人，最有能力按部就班、有條不紊完成單調乏味的基礎工作。他們內心渴望安定，所以擁有鐵飯碗般的穩定工作，是首要目標。

4數人喜歡存錢，和購買不動產，他們不能接受有風險的投資，守財奴是4數人的標籤，但是他們不以為意，還樂此不疲。4數人的組織和建構能力，無人能敵，他們目標明確、全力以赴，4數人能在既有事物上，精益求精，並且獲取龐大利益。4數人也善於運用人脈關係，為自己創造財富，他們是聰明絕頂、足智多謀的現代諸葛亮。

4數人務實可靠，善於組織力和執行力，溝通卻是4數人最大的困擾，面對困難逆境，他們會像烏龜一樣，縮進殼內，並且消失的無影無蹤，讓旁人不能理解。如果面對突如其來的挫敗，4數人是兩極反應，剛開始會竭盡所能的解決，如果發現回天乏術、無法挽救時，立刻快刀斬亂麻、毫不遲疑。

　　4數人不喜歡單打獨鬥，所以他們不會是獨資的老闆，想要取信於4數人，必須備齊所有佐證資料，讓他們眼見為憑，如果受到4數人的質疑，他們會反射出高度的自我防衛，變的異常固執、甚至於不可理喻。

　　4數人適合關於金錢理財的金融證券業、房屋仲介業，或是領取高報酬的投顧工作。

## 5的數字意涵 -- 冒險天王

神秘圖騰：

優點：靈活享樂的交際家

顛覆、活力、自由

好奇心、喜旅遊、反傳統、社交強、愛美食

八面玲瓏、長袖善舞、熱情奔放、能言善道、交遊廣

闊、辯才無礙、適應力強、博學多聞


缺點：捉摸不定的自戀狂

無常、墮性、狡滑、善變、躁鬱、EQ差、難專情、不可

靠、愛嘲諷

不受限制、不喜法條、逃避壓力、華而不實、害怕承

諾、玩世不恭、不負責任、散漫無序

# Hermes 赫爾墨斯

「自由之神」Hermes，掌管商業、文學、旅遊、運動、溝通等範圍非常廣泛。Hermes的頭飾一半是隱形頭盔，另一半是有翅膀的太陽帽，手握節杖、杖上有2條蟒蛇盤繞。他的魔杖可以控制人們的意志力，使其昏睡或清醒。Hermes穿著有雙翼的涼鞋、來無影去無蹤，在天界和冥界中來去自如，他也是天神的信差。

知名時尚品牌"愛瑪仕"，希臘郵票，和美國藥局，都是使用這個名字當作標誌。

Hermes是旅行者的保護神，也是商人的庇護神。他的旅行經驗非常豐富，而且Hermes在旅途中也展現買賣和談判的能力，從事商業活動，所以Hermes被稱為商業之神。他善於居中穿梭、無往不利，就像是一個可以點石成金，扭轉乾坤的魔術師。

Hermes發明了尺、數字和字母，他的詭譎狡猾，也被視為欺騙術的創造者。

Hermes擁有超強的說服能力和溝通技巧，經常幫助宙斯解決艱困的大事，及收拾爛攤子，例如、解救被鎖在罐子裡的戰神阿瑞斯，或是宙斯在外偷情時、必須安撫宙斯的妻子希拉等等鎖事。

5數人的特質，熱愛自由，喜歡說服別人，他們討厭被固定模式設限。5數人天生就有溝通和協調的天份，在銷售商品上，有極強的說服力，這也是讓他們獲利的重要原因。

5數人的強項，是博學的知識和誘人的說服力。

5數的人熱愛美食、美女、美景、美鈔，他們喜歡遨遊四方、廣結善緣，是個標準的享樂主義者。

5數人討厭一成不變的生活方式，他們屬於不安份的一個族群，5數人覺得辛勤工作，是為了賺錢，而賺錢的目的就是要休閒享樂。5數人樂於熬夜加班、毫無怨尤，但是他們一定會要求，交換一個長假期，來彌補自己的辛勞。如果是5數人想要做的事情，他們一定勇往直前、不計代價，所以拼命三郎也是5數人的特徵。

5是自由的中間數，所有連線的關鍵點，因此產生的連線，決定此人的個性與命運。

5數人喜愛嘗鮮的程度，令人嘆為觀止，只要是他們沒有經歷過的任何事物，5數人均勇於嘗試。但是任何事物過了頭，就會樂極生悲，所以5數人也容易暴飲暴食、或是沉迷某件事情，到了無法自拔的地步。

5數人的座右銘是不自由、毋寧死，他們隨心所欲、玩世不恭，有自己獨特的生活哲學。5數人能言善道、辯才無礙，卻又言之鑿鑿、引經據典。5數人的才華和缺點，較多樣化，他們善於舌粲蓮花、化腐朽為神奇，鎖定目標、追求名利。

5數人適合擁有高報酬又自由的業務工作。

## 6的數字意涵 -- 正義大俠

神秘圖騰：

優點：情感豐富的心理師

可信、忠實、助人、公正、擔當、公平、負責任、親和力、同情心、直覺力、韌性強

敦厚慈愛、完美主義、逆來順受、具人情味

解決問題、重視親友

缺點：目光如豆的可憐蟲

八卦、抱怨、憂鬱、盲從、焦慮、苛刻、自憐

性慾強、得失心重、要求回報、愛管閒事

表面愛別人內心愛自己、癡心等待無結果的戀情

# Apollo　阿波羅

「太陽神」Apollo，他是古希臘最受愛戴的神明之一，Apollo的形象是右手拿著七弦里拉琴，左手拿著象徵太陽的金球，駕馭著4匹發出金光的戰馬，車身全部是黃金打造，每每出巡周圍均散發出金色的光芒，並被視作金箭，具有保護人類的功能。

Apollo是光明的意思，他帶來光亮、照亮靈魂、點燃智慧，也稱光明之神。是一個血氣方剛的年輕人，微飄的長髮披露雙肩，散發出淡淡清香，臉呈瓜子形，前額寬闊，充滿魅力的雙眸炯炯有神、展現精明堅定。Apollo最令人回味的，就是他和達芙妮的愛情神話，達芙妮為了躲避Apollo的追求，將自己變成一顆月桂樹，Apollo癡情的對著月桂樹說：「我將永遠愛著妳，我要用妳的枝葉做我的桂冠，用妳的木材做我的豎琴，並用妳的花朵裝飾我的弓箭，同時我賜妳永遠青春美麗。」所以、月桂樹終年常綠，是深受人們喜愛的植物。而Apollo頭戴月桂樹編織的皇冠，也成了他不滅的標誌。

Apollo將醫術傳給人類，他的箭術百發百中，從不失手，又擅長彈奏七弦琴，美妙的旋律有如天籟，是希臘最多才多藝、最俊美的神祇。

Apollo在德爾菲建造神廟，學會占卜，他光明磊落、從不說謊，並且通曉世事、敏慧聰穎，而成為預言之神。爾後、德爾菲神廟名滿天下，希臘人相信，誰控制了德爾菲、誰就控制了全世界。

Apollo也專注於心靈和身體的療癒，他是第一位"身心靈整合"的治療師。Apollo雖然表面相當沉著冷靜，好像對任何事情都不以為意，但是內心深處，卻是一個有仇必報的人。

6數人的特質，喜歡照顧別人，承擔責任，不善於拒絕，6數人非常有主見，他們會扛下超過自己負荷的工作，並且竭盡所能去完成它，只希望贏得別人的關愛和感謝。如果沒有得到預期的回饋，6數人會非常沮喪、失望，並且抱怨甚至憂鬱。一旦談起感情，就會死心蹋地、盲目付出。一廂情願地以為，總有一天會感動對方，可惜這往往是6數人的幻想。

6數人如果夠成熟、理智，是可以擁有輝煌成就的。重承諾和負責任，他們的情感強烈而濃郁，尤其是愛情，就算被傷的體無完膚、也毫無怨恨。與6數人交往，請特別注意言詞與用語，因為他們受傷的程度是第一名喔。

6數人喜歡幫助別人，以張顯自己的重要性，他們渴望被需要，時常會自作聰明的亂付出，直到精疲力竭。6數人深信，付出就應該得到回報，如果回報的程度，不是6數人所預期的，他們就會滿腹牢騷、怨聲載道，覺得自己被利用了。然而旁人卻滿頭霧水，不能理解6數人的思維模式。

6數人的幸福之鑰匙，就是「理智」。剛開始他人都會被熱情的6數人所吸引，然而，事後卻又被6數人無情批判而嚇倒，他人不能理解，為何他們前後判若兩人，更重要的是、6數人自己也被傷的體無完膚，他們甚至可

以抱怨，數十年前的塵封往事，讓人啼笑皆非。

　　6數人善於組織分析，而且敏銳快速，他們時常自告奮勇，接下超過能力所及，或是毫不相干的事情，其實6數人內心的盤算是，希望藉由這些表現，而達到心中的目的。6數人是很優秀的員工，因為他們總是盡心盡力，使命必達，但是別忘了一定要給他們獎賞，否則6數人會有大反彈的舉動。

　　6數人是需要學會說NO的族群，他們內心脆弱，又容易受傷，但是6數人喜歡武裝自己，表現強者。事實上、6數是最容易被利用的數字，因為他們的心太軟。

　　6數人適合財務行政的管理職，穩定負責是他們的最大優勢。

## 7的數字意涵 -- 智慧之神

神秘圖騰：

優點：察言觀色的條理家

神秘、博學、幸運、內省、真理、理智

喜獨處、邏輯強、有思想、重研究、善理財

知識豐富、直覺力強、分析判斷、掌握貴人、求知慾

強、自學成材、冷靜思考

缺點：自我封閉的冷血動物

自負、偏激、奸詐、冷酷、無情、執著、孤僻

私心重、情緒化

不近人情、不善交際、猜疑心重、喜歡算計、剛愎自

用、不易討好、不接觸不懂的事物

# Athena　雅典娜

「智慧之神」Athena、所代表的意義：一道屬於智慧與光明的燈塔。

Athena的形象非常鮮明，滿頭金髮、一雙灰色的瞳孔，頭戴金盔，金盔上有兩隻犄角、四行長羽，身披雕飾圖騰的戰袍，左手持盾、盾身飾有金穗流蘇，右手持矛，長矛往地上一插，冒出一株深綠色的橄欖樹，陪伴Athena的聖鳥貓頭鷹，永不離身。

Athena掌管園藝、司職法律和秩序，她傳授紡織、繪畫、雕刻等技藝給人們，更是一位能文能武、梟勇善戰的女戰神。

相傳Athena發明紡織，曾幫眾神編織長袍。Athena也曾經處罰態度傲慢的世人，將他變成一隻，只會紡織的蜘蛛。

Athena是從宙斯腦袋裡蹦出來的神祉，所以她重視思考，特別是邏輯與智慧。例如：有名的"特洛伊木馬"之計，就是她獻上的。Athena喜歡把事情研究透徹，她教導世人，追求真理、建立制度，這個觀念也奠定了今日科學的基礎。

7數人堅信"知識就是力量"。

7數人不輕言相信任何事情，喜歡質疑、熱愛學習，凡事力求公平、合理。

7數人也喜歡亂批評、愛理論，他們大多聰明絕頂、悟性又高，但是需要給他們時間，去尋找證據，所以7數

人也是完美主義者。7數人非常吹毛求疵，凡事都要品頭論足一番，這一種高標準的挑剔，讓人非常難以接受。事實上、7數人是出自善意，他們不希望對方和自己受騙上當，可是這種執著的固執，容易被他人誤解和排斥。

　　7數人享受獨處，但是這種冷漠的性情，常常使得身旁的人，覺得被7數人乎略或不重視，而大抓狂。

　　7數人的運氣特別好，因為7數人心思清晰，凡事思量再三，又勤於尋找資料、作功課，所以在判斷事物上，異常精準。

　　7數的人喜歡追求至高無上的真理，他們的分析能力很強，任何事情7數人一定會深入研究、探討，再整理出完整的邏輯理論，他們執著的精神，讓旁人讚嘆不已，佩服的五體投地。

　　7數人天生就愛追根究底，和7數人開會，或是做生意，都需要戒慎恐懼，步步為營，因為他們一定會將資料調查清楚，7數人只相信事實與數據，許多專業人士，都有強烈的7數。

　　7數人非常懂得設定目標，完成理想，7數人常常獲得貴人的扶持，因為他們的專業知識讓人折服，再加上自身努力，成功是垂手可得的。7數人很少社交，但是喜歡結交上層人士，他們善於運用人脈、拓展事業，所以7數是一個容易成功的數字。

　　7數人的挫折，是自己給自己的壓力，他們無止境的追求真理，有時會適得其反，反而讓旁人覺得7數人剛愎自用，自以為是又不盡人情。7數人自視甚高，有時還會

露出瞧不起人的眼神，這些都是讓7數人，人緣不佳的關鍵因素。

7數人一直都有腦神經衰弱的問題，他們是一群難相處的異類，不過7數人喜歡獨處，他們很能享受清靜和優閒。可是旁人卻給7數人孤芳自賞、冥頑不靈等觀感。7數人自認是哲學家、評論家，只要是涉及他們的專業，7數人一定當仁不讓，高談闊論，非要爭個你死我活不可。

7數人的快樂來自於獲得真理，恐懼也是因為，那些永遠追求不完的真理。凡事一體兩面、只能忠告7數人，中庸是最佳人生哲學。

7數人適合學術研究或研發工作。

## 8的數字意涵 -- 野心商人

神秘圖騰：

優點：鬥志旺盛的理財家
果斷、勇莽、專注、魄力、雄心、權力、慾望、正義
賺錢狂、喜投資、貴人運、大格局
商業頭腦、能屈能伸、領導力強、理財力強、追求成
功、決策者而非執行者、喜與高層交往

缺點：揮金如土的精神病
世俗、易怒、拜金、賭性、虛榮、急躁、衝動、好鬥
不認輸、喜投機、勢利眼、愛操控、易破財
好惡分明、易扛責任、好大喜功、不計後果、投機取巧
唯利是圖、說話不留情面

# Hephaestus　赫菲斯托斯

「火神」Hephaestus是最有錢的神祇，他為眾神打造神座、武器、黃金首飾，用此大賺錢財、富甲一方。

某日Hephaestus的父母正在吵架，不小心將Hephaestus摔落山下，從此他就變成瘸子。

Hephaestus擁有高超的工匠技術，火山是他為眾神打造兵器的火爐，他和助手獨眼巨人都喜歡用黃金製造物品，包括戰車、神盾、金箭、銀箭、鎖鏈等等，每一樣都堅實耐用，不易損壞。Hephaestus還建造一個金碧輝煌的宮殿，來販售他的物品。美麗的愛神，會嫁給其貌不揚的Hephaestus，正是因為他有錢。

凡間的女人也是Hephaestus製造出來的。他用黏土捏出一個女人，名叫「潘朵拉」，潘朵拉從使神荷米斯那兒，得到一副虛偽的心腸，和一個會說謊的舌頭，她有個盒子叫"潘朵拉之盒"，裡面藏著世上所有不詳的東西。

8數人的特質，好大喜功、非常懂得進退應對，深受長輩喜愛。8數人說話時語氣溫和、條理分明，他們享受著追求富貴功名的過程。8數人有一雙可以看透事物的慧眼，善用能夠幫助他們的貴人，並擁有創造利益的潛能，這也是擴大企業的原動力。

平時8數人像隻溫馴的小貓咪，但是一旦碰到狀況，小貓咪會突然變成兇猛發飆、張牙舞爪的大獅子。

8數人善於赤手空拳打天下，他們能夠將磨難轉變

為成功動力，所以，很多白手起家的大企業家，都是8數人。8數人帶有一種很獨特的天命，就是－誠實。他們如果不誠實，很容易會有官司和糾紛，但是8數人認為，如果凡事都太誠實，會給他們帶來衝突和對立。

8數人認為，金錢可以解決所有問題，他們喜歡冒險，善於集合親朋好友，賺取高報酬的利潤。8數人天生就有老闆命，他們也喜歡擁有這種頭銜。需要提醒的是，8數人不要在獲取金錢上走火入魔。

8數的人喜歡投機致富，他們坐擁權力，立志成大功、立大業。

8數人自小就有從商天賦，他們目光犀利、獨具慧眼，能洞悉先機、掌握人脈，並且發展出自己的王國，他們相信人脈＝錢脈。

8數人喜歡追求名利，重視物質享受，他們不能忍受璞玉被埋沒的遺憾。8數人覺得人生就是一場賭局，只要抓住機會，就要大博一場。所以嫁入豪門，或是娶豪門千金的人，都有很強的8數磁場。8數人也善於白手起家，精明的商業頭腦和廣闊的人脈，是他們無懈可擊的優勢。

8數人的現世報特別明顯，他們不能做壞事，常常別人沒事，偏偏8數人就是官司纏身、破財連連。但是8數人就是有通天本領，東山再起、風雲再現，他們屬於亂世英雄的命格。

8數人的個性好爭、好強、好出頭，聰明絕頂的他們懂得剛柔並濟、能屈能伸，他們善於運用團隊，成就自

身的事業。

　　火烈的8數人，一旦脾氣爆發，小貓立刻變成大貓（老虎），8數人為了捍衛自己的利益和版圖，有時會使些小心機或手段，所以造成旁人心生怨懟。

　　喜歡強出頭的8數人，會為了別人而起衝突。1數人則是為了自己，和旁人起紛爭。

　　8數人適合掌握實權的老闆，或是高投報率的理財工作。

## 9的數字意涵 -- 慈善使者

神秘圖騰：

優點：廣結善緣的博愛家
公益、高尚、靈性、正義、佈施、愛心、慷慨、智慧
人緣佳、喜神學、求知慾
浪漫主義、心胸寬大、樂於助人、服務高手、人道主義

缺點：沒有骨氣的落跑大仙
惰性、妄想、消極、迷信、沮喪
爛好人、重名譽、易放棄、易被騙、不實際
雙重人格、異想天開、好高騖遠、身心崩潰、感情用事
愛心犯濫、感情脆弱、思緒混亂

# Artemis　阿爾特彌絲

　　「月亮女神」Artemis掌管光明，她代表純潔無暇。Artemis在夜晚為大地帶來生命與希望，慈詳博愛、以助人為樂。Artemis一出生，就會站著幫忙媽媽，生下雙胞胎的弟弟"阿波羅"，所以她也是一位治療之神，以慈悲為懷。

　　Artemis身材高挑，有著長長棕色捲髮，身穿白衣，手持火炬，腰肩上掛著一副有魔力的銀弓。她駕著一輛由紅鹿拉動的金車，一群獵狗在前面呼嘯開道。三歲生日時、父親天神讓她選擇生日禮物，Artemis選擇了貞潔、箭囊和長住山林。

　　當弟弟阿波羅駕駛著光芒四射的太陽神車，將陽光灑遍大地時，Artemis正躲在群山中和仙女玩耍、狩獵。傍晚時分、Artemis登上銀光閃耀的月亮車出巡，穿越浩翰無垠的太空，阿波羅則為她邊彈琴、邊唱歌。Artemis喜歡住在森林裡，野地上，倘佯在大自然的懷抱中，依靠著狩獵和採集果實維生，她的箭術高超，經常在山林中追逐野獸，松柏是她的聖木，紅鹿是她的寵獸。

　　Artemis心地善良，溫柔優美、喜歡幫助苦難中的人們。Artemis也會用雲彩遮住自己的臉龐，偷偷地親吻英俊少年的臉，讓他們變成詩人。Artemis也是女巫之神，希臘的女巫會在滿月時，聚集起來膜拜她。

　　Artemis自由任性，她的情緒高低起伏、不易捉摸。Artemis擁有雙重個性、亦正亦邪，就像月亮陰晴圓缺，

既有溫柔善良的一面，也有記仇懷恨的另一面。

9數人的特質，天真無邪，永遠充滿不能實現的夢想。9數人心地善良，喜歡照顧別人，逗人開心，並且不求回報，9數人的快樂來自別人的快樂，是標準的理想主義者。所以他們超級不現實，對於別人的忠告，9數人一概不能接受，他們只活在自己編出來的夢幻中。

9數人很會享受生活，他們喜歡呼朋引友、成群結隊出去玩。9數人覺得付出是他們的天職，就算是一個小小的擁抱握手，只要能讓朋友開心，9數人都會努力去做。所以、也是個喜歡傾聽別人苦水的垃圾桶。

9數人對感情的要求也非常特別，他們很容易愛上別人，又很難開口說分手，常常卡在戀人與朋友之間，拖拖拉拉，藕斷絲連，讓旁人霧裡看花。9數人生性浪漫熱情，重視精神層面，是個會把愛情抽象化的神人。

自許是來到人間的天使，滿懷美夢、散播歡愉，他們深信，受到幸運之神的特別眷顧，所有好事都會降臨在他們身上。心胸寬大、想法天馬行空，如果可以多些實際和努力，是容易獲得大財富的成功者。

9數的人樂於行善，擅於服務人群，他們的理想世界，就是鴻福齊天、世界大同。

9數人非常不切實際，他們常把夢想放在周遭朋友身上，一直深信人脈會帶出錢脈，9數人重視朋友甚過家人，而且是不求回報的完全付出，9數人的奉獻是超乎想像的。

9數人是福報最多的數字，時常幻想自己中了樂透頭彩，並且分享給他人，讓所有親友一夕致富。9數人有種

奇妙的現象，他們經常掛在嘴邊的是，遙不可及的白日夢。

　　有些9數人不屑於低薪勞動的基層工作，反而耗費心力，等待從天而降的好運。也有9數人運用過人智慧，優異人脈，腳踏實地、耕耘收穫，而成就出輝煌的事業版圖。

　　9數人避免管理錢財，如果從商，一定要找個守得住金錢的財務，因為喜歡做表面功夫的他們，會不計成本裝潢，不在乎實質內涵，反而重視虛華浮誇的門面。9數人樂於散播歡笑，很能討朋友歡心，也是個善解人意的好伴侶，和孝順的好孩子。

　　9數人適合和人群接觸的服務業或演藝圈。

# 0的數字意涵 -- 變動符號

神秘圖騰：　

優點：改變與調整的變動數字

隨著環境、年齡、知識的增加，懂得增長智慧，進而修飾個性

缺點：遇強則強、遇弱則弱

當碰到困難、挫敗時，會因為激烈的情緒，而無法克制，使得性格上更加極端。

# 魔數概述

1.
形狀：點
顏色：紅色
飲食：單一食物
例如：堅果、水餃

2.
形狀：線
顏色：橙色
飲食：液態食物
例如：飲料、湯品

3.
形狀：三角形
顏色：黃色
飲食：擺盤漂亮
例如：結婚喜宴

4.
形狀：正方形
顏色：綠色
飲食：飽食便宜
例如：饅頭、炕子頭

5.
形狀：星形
顏色：藍色
飲食：知名美食
例如：米其林大餐

6.
形狀：六角形
顏色：靛色
飲食：有機食物
例如：蔬果

7.
形狀：彩虹
顏色：紫色
飲食：高營養食材
例如：雞湯

8.
形狀：無限
顏色：金色
飲食：刺激性食物
例如：辛辣食物

9.

形狀：太極

顏色：灰色

飲食：調酒飲料

例如：雞尾酒

## 數與疾病

| 1 | 2 |
|---|---|
| 燥鬱、肝病 | 失眠，憂鬱 |
| 3 | 4 |
| 呼吸系統，皮膚病 | 肥胖、胃潰瘍 |
| 5 | 6 |
| 心臟、高血壓 | 免疫系統、代謝不良 |
| 7 | 8 |
| 腦神經衰弱、腸胃疾病 | 雙眼，肝、腎，雙數的器官 |
| 9 | |
| 生殖系統、婦科病 | |

## 奇數、偶數

1、3、5、7、9 為奇數，屬陽

2、4、6、8、0 為偶數，屬陰

☆奇數的人－獨立

偶數的人－依賴

☆奇數的人－理性

偶數的人－感性

☆奇數的人－做的多

偶數的人－想的多

☆奇數的人－行動力強

偶數的人－創新力強

☆奇數的人－善單打獨鬥

偶數的人－善團隊合作

以命盤數字的數目和磁場強弱，作為衡量依據。

## 數與象徵

1
獨立、 男人

2
包容、 女人

3
創新、 小孩

4
安定、 家庭

5
享樂、 自由

6
付出、 責任

7
智慧、 真理

8
成長、 理財

9
服務、 慈善

# Chapter 3

## 數的歸納與比較--Induction ● ● ● ● ● ●

巫婆Q：

「簡單到讓你目瞪口呆，旋乾轉坤。」

## 主、輔星之特徵

　　每個人的生日相加，最後得到的個位數是主星，總合的雙位數則是輔星。主星和輔星的組合不同，所產生的意義也大不相同。

　　例如：主星9
　　輔星的組合有1＋8 ／ 2＋7 ／ 3＋6 ／ 4＋5 ／ 5＋4 ／ 6＋3 ／ 7＋2 ／ 8＋1等8種組合。

　　巫婆Q將所有主、輔星之組合匯整成集，並詳細解說，讓各位讀者可以快速明白，主、輔星組合之意涵。

　　將國歷生日，西元的年、月、日，個別的數字相加。總合為兩位數，再將此數字相加，直到個位數為止。最後得到的個位數是**主星**，總合的雙位數字是**輔星**。

　　**主星**：主星代表外在的性格，也是他人看到的特徵。
　　**輔星**：輔星代表自我深層的淺意識，多數人並不知道它的存在，所以大多數人不願意承認有此特徵。

**十位數的輔星**：遭遇到問題時，初期大腦的反射動作。

**個位數的輔星**：經過深思熟慮後，才會做出來的決定。

## 主星、輔星組合之精解

### ☆1的組合：

$1+0=1$

領導魅力的1

獨立自主的1數，和加強緩和的變異數0，造成更強大的1與和緩的1數。

- 正向：出類拔萃，獨領群雄的領袖人物，
- 負向：固執，不合群、強出風頭。

---

$1+9=10,\ 1+0=1$

鐵漢柔情的1

強烈的1，和善良的9，1和9是互相矛盾的，是個冷面笑匠的人。

---

- 正向：是個外表剛毅，內心溫柔的強漢。
- 負向：雙重性格，表面看起來是堅強果斷的獨裁者，但是內心卻是樂於付出的慈善家。

2＋8＝10, 1+0=1

熱愛賺錢的1

領袖氣息的1，由溫柔的2、和具有理財天賦的8組成，最好相處的1數人。

---

- 正向：感情豐富，堅強又獨立，具有讓人無法抗拒的商業手腕，如果加上努力和運氣，是一個容易成功的人。
- 負向：過於自負，而造成口不擇言，此數人的課題是太過鋒芒畢露。

3＋7＝10, 1+0=1

認真執著的1

領袖1由聰明的3和善分析的7組成，是才華洋溢的1數人。

---

- 正向：企劃能力強，熱愛尋求真理及專業知識，屬於原創思考類型。
- 負向：有時趨向過度保守，反而讓自己陷入絕境。

4＋6＝10, 1+0=1

深得人心的1

認真負責的4和6數，造成勤奮工作的1數人。

---

- 正向：信心強、個性穩重，又願意承擔責任，是個讓人依賴的好長官。
- 負向：最為情所困的1數，喜歡愛情帶來的安全感，卻又極度要求感情回饋，是個難相處的1數人。

# 2的組合：

$1＋1＝2$

寧為雞首的2

雙數1的磁場強度，幾近於主星2，是雙重性格的代表。

- 正向：外柔內剛，剛柔並濟，多層面思考。
- 負向：表面上平易近人，好相處，喜歡照顧別人的好人，但是自我內心衝突，敏感，太注重細節，想太多而鑽牛角尖，因為思慮過於複雜，而感到不快樂。

$2＋0＝2$

超宅愛家的2

依賴、愛家的2數，和加強緩和的變異數0。

- 正向：感性溫柔，被動又敏感，喜歡人陪伴，需要小心呵護的2數人。
- 負向：他們希望看到事物的全貌，所以一直在觀察，一但覺察不妥當，立刻停止，這樣突兀的轉變，常會使身旁的人措手不及。

$2＋9＝11, 1＋1＝2$

自我衝突的2

愛家的2、雙數的1和慈悲的9，這是獨立和依賴雙重性格的最佳代表。

- 正向：是個孝順愛家的乖孩子，但是獨立自主，凡事自己決定。

- 負向：要求多，易不快樂，喜歡把負擔推給另一半或朋友。

$3+8=11, 1+1=2$

鬼靈精怪的2

此數由主星2、輔星雙數1、以及隱藏輔星3、8共同組成，是個聰明絕頂的雙重人格特徵。

---

- 正向：鬼靈精怪，充滿創意，且能務實掌控事務，是個要求在自己主控的情況下，才願意和別人共同合作的人。
- 負向：好高騖遠，人生將會是兩大極端，大權在握，或是極不得志。

$4+7=11, 1+1=2$

計劃積密的2

4、7、1、1眾多輔星組合的2數，此數人會在工作中，獲取自身利益。

---

- 正向：善於分析和完整規劃，如果全力以赴，是能夠心想事成的成功者。
- 負向：過於著重自身利益，讓團體失去向心力，而導致分崩離析的結局。

## 3的組合：

$1+2=3$

色藝雙全的3

主星是愛出風頭的3數，輔星有自我矛盾的1和2。

---

- · 正向：才貌雙全、才華洋溢，自小就受人矚目，精靈古怪，適應性強，隨遇而安，創造力強，應變能力強。
- · 負向：浪漫多疑，喜歡耍弄小心機，因此造成聰明反被聰明誤。

2＋1＝3

出類拔萃的3

樂天愛玩的3，卻有著獨立、領導的1，和合群的2。

---

- · 正向：滿腦子總有千奇百怪的花招，有雙靈巧的雙手，和聰敏的頭腦。
- · 負向：虎頭蛇尾，旁人難與他們契合，剛開始表現友好圓融，一但感覺不對，就出現1的果斷，立即停止。

3＋0＝3

玩世不恭的3

遊戲人間的3，和變動數0。

---

- · 正向：樂觀自負，在自己編織的夢幻中生活，是個無憂無慮的人
- · 負向：沒有責任感，喜歡出軌，凡事不在乎，所以容易一事無成。

3＋9＝12，1＋2＝3

天馬行空的3

主星3數、輔星1、2和隱藏輔星3、9，此數人有機會名利雙收、大發利市。

---

- 正向：創意十足的智慧型藝術家，人際關係和解決問題的能力，都是他的強項。
- 負向：不夠實際，需要吃吃苦頭學些經驗，在感情上容易執迷不悟，一頭栽進去，是個善變的人。

$4+8=12, 1+2=3$

聲名大噪的3

在輔星4、8、1、2的組合下，形成好勝心強的創造家。

---

- 正向：有才華、有理想，能務實、善實踐，能有效設定目標並解決困境，是個卓越的領導者。
- 負向：如果未達目標，其內心的衝突和鬱悶，使好勝心強的此數人相當挫敗。

## ☆4的組合：

$1+3=4$

矚目焦點的4

☆自我保護的4數，和本位主義的1數及愛表現的3數

---

- 正向：是團隊中的開心果與領導者，善於運用團隊力量，達成自我目標。
- 負向：表面配合團隊運作，但是內心卻有自己的主見和計劃，容易陽奉陰違。

$2+2=4$

敏銳內斂的4

☆神秘、務實的4，內心卻有依賴的2，這是個「特異數」。

- 正向：喜歡呼朋引伴，集體活動的小領袖，聊天中，少不了"家人"的話題
- 負向：理想過高，思緒太細密，容易感情用事而阻礙成功，此數的人，容易將事業和愛情混為一談。

$3+1=4$

守財如命的4

☆神秘的4、由鬼怪精靈的3以及堅毅的1所組成。

- 正向：凡事設定目標，依據計畫行事，守口如瓶的保密者，是個優秀的軍師。
- 負向：自私自利，注重物質享樂，讓人有唯利是圖的感覺。

$4+0=4$

秘而不宣的4

☆腳踏實地，渴求安全感的4，此數人常有驚人之舉，和無哩頭的發想。

- 正向：思維單純、就事論事，辯才無礙，他們可以很快的看透事物並解決問題，堅強的耐力和決心，是所有數字的第一名。
- 負向：神秘行事，低調生活，是個一字千金的怪胎。

# 5的組合：

1＋4＝5

認真踏實的5

☆八面玲瓏、能言善道的5數，搭配上獨立的1和穩健有計畫的4數。

---

- 正向：目標導向的5數人，腳踏實地、築夢踏實，是個優秀的業務高手。
- 負向：有時太過保守，頑固，常因自我為中心而誤事，缺乏主動創新的勇氣。

2＋3＝5

愛出風頭的5

☆熱愛自由的5，由合群的2和鬼怪多變的3組成，是活潑外向的中心人物

---

- 正向：個性溫和、感情充沛、溫暖友善，但是內心相當主觀，甚至於會出現強硬作風。
- 負向：不佳的人際關係，是此數人最大的課題。

3＋2＝5

善變寡斷的5

☆自由自在的5、由創意的3和合群的2組成。

---

- 正向：理想主義的5數，有時理性，但有時又相當感性。
- 負向：他們的內心複雜混亂，造成猶豫不決、三心二意，所以決心是他們的課題。

$4 + 1 = 5$

目標明確的5

☆這是個最實際的5數人,因為他們擁有腳踏實地的1和4數。

- 正向:平易近人,執行能力極強,是個能幹的優秀人才。
- 負向:感情濃烈複雜,內心衝突,要求有點黏、又有點不黏的空間,和他們相處,必須擁有極大的包容力。

## ☆6的組合:

$1 + 5 = 6$

樂觀進取的6

☆責任感的6數、搭配強勢的1數和靈活的5數,此為最平衡的6數人。

- 正向:盡忠職守卻不會默守成規,懂得適時應變。
- 負向:他們是在相對條件中,才願意承擔責任,但是當情況危急或有重大狀況時,他們就會天人交戰,在內心衡量著,需要幫忙的程度。

$2 + 4 = 6$

斤斤計較的6

☆有責任感的6,由包容的2和踏實的4組成,此數人是團隊中最佳成員。

- 正向：善於處理人際關係，也會願意承擔成敗。
- 負向：抱怨和要求過多，是此數人的課題。

$3+3=6$

要求公平的6

☆此數是個特異數，正義的6，由雙數的3組成。

---

- 正向：天資聰穎，具有優越創造力，喜歡開創大事業，是個完美主義者。
- 負向：此數人愛出風頭，但是必須依靠他人力量，才能展現自己的才華，因為他們不能接受批評，所以產生不快樂和抱怨。

$4+2=6$

認真負責的6

☆配合度一流的2、4數，所組合而成，是個最實際的6數人。

---

- 正向：重感情，富同情心，喜歡成群結黨，時常為了討好別人，把自己搞的像變色龍一般，是難得的好伙伴。
- 負向：犧牲奉獻的付出，卻因為怨聲載道的小毛病，讓朋友產生誤會而疏離。

# ☆7的組合：

$1+6=7$

執著付出的7

☆分析力強的7、和霸氣的1及認真的6，此數是獨立作戰的7數人。

- 正向：在事業上認真負責，並且能夠洞悉事務的高手，以及有修補及解決的超強能力。
- 負向：是個愛情白癡，軟弱的情感，不顧一切的付出，常把自己搞的疲憊不堪。

$2+5=7$

敏感靈活的7

☆分析力強的7，由善良的2，和靈活的5組成，此數人是個有創意的軍師

- 正向：親和力超強，善於在群眾面前侃侃而談，更是人際關係的高手。
- 負向：他們是最不複雜的7數，碰到困難時，還會自我安慰：「明天會更好」。

$3+4=7$

擇善固執的7

☆分析力強的7，由創意3和務實的4，是最要求完美的7數人。

- 正向：目標性強、執行力更強，凡事謹慎計畫，穩紮

穩打，是個最不愛冒險的人。

- 負向：太過保守、容易錯失良機，喜歡據理力爭，當仁不讓，有時頑固到讓人受不了。

$4＋3＝7$

文武雙全的7

☆行動力強的4和3數，組合而成腳踏實地的7數。

---

- 正向：毅力和執著可是一流，刻苦耐勞又有創意的執行者。

- 負向：如果發現努力爭取來的，卻不是自己想要的東西，會有一種巨大的失落感，造成身心俱疲。

## ☆8的組合：

$1＋7＝8$

商業強人的8

☆擁有商業頭腦的8，加上專業知識7和獨立性的1，此數人適合獨當一面。

---

- 正向：天生具有領導才華，可以單打獨鬥開創海外市場。

- 負向：剛開始往前衝，別人都以為誓死達成，但是隨著長時間的再三斟酌，有時會臨陣脫逃、裹足不前。在關鍵時刻、突然轉向或暫停，是此數最讓人傻眼的地方。

$2 + 6 = 8$

好勝依賴的8

☆具有生意頭腦的8數，由合群的2和吃苦耐勞的6組成，喜歡帶領同伴創業賺錢。

- 正向：工作上盡心盡力，是個長袖善舞，人際關係非常好的8數人。
- 負向：喜歡體貼溫馴的跟班男友，常幻想嫁入豪門，課題是藕斷絲連的複雜感情，最敏感的8數人，感性但不理性。

$3 + 5 = 8$

睿智大器的8

☆大格局的8，由創意3和靈活5組成，是最優秀的8數。

- 正向：衝勁十足，絕佳溝通技巧，超強業務能力，高明政治手腕，此數人志向遠大，事業心強，立志要幹出豐功偉業。
- 負向：過人的膽識，如果運用過度，小心會面對無盡官司是非。

$4 + 4 = 8$

成就非凡的8

☆執行力強的雙數4，成就輝煌事業的卓越數8。

- 正向：和高層合作，集合眾人智慧，成就大事業是此數人的專長。

- 負向：極力閃避風險，但又要求獲利，自我衝擊的情況下，使人精神錯亂，而導致失敗，有時一些小手段，會使旁人失去信任，是此數人的致命傷。

## ☆9的組合：

$1＋8＝9$

理財能手的9

☆博愛的9和愛賺錢的8、以及堅強的1。

- 正向：具有雄心壯志的膽識，是個理智型的9數人。
- 負向：不容易了解的9數，看似堅強獨立，但是心中計算著利益，所以原本付出的善心，而產生化學變化。

$2＋7＝9$

辯才無礙的9

☆善良的9，由合群的2和理智的7，是朋友群中的大哥哥。

- 正向：感情豐富，溫柔親切，擅於分析事情，喜歡幫助弱勢朋友解決問題。
- 負向：理想過重，不夠果斷，而使得成功遙遙無期。此數人會自欺欺人，有時會盲目的亂幹到底。

$3＋6＝9$

成群結黨的9

☆慈悲的9、由搞怪的3數和盡責的6數組合而成。

---

- 正向：熱愛朋友，好夜生活，喜集結死黨，沒脾氣的爛好人，總是將朋友的事情往自己身上扛，非常在乎外界對自己的評價。

- 負向：聰明過頭，思考過多，反而滯礙難行，活在虛浮的夢想中，缺乏實際運作能力，常因朋友的背叛而受傷。

$4+5=9$

金玉滿堂的9

☆克勤克儉的4數加上口若懸河的5數，造成能力最強的9數。

---

- 正向：腳踏實地、勇於挑戰，包容心大，能夠為了理想，和他人團結奮鬥。

- 負向：課題是如果遇到事情不順利，就會停滯不前，面對殘酷的現實和過高的目標，會產生放棄的念頭。

## 圖解魔數性格

# 性格排名

### 三大花心

### 三大貪財

### 三大愛家

### 三大專情

# 數字之最

最愛吃

最虛榮

最博學

最愛玩

最熱情

最務實

## 最自大

## 最有錢

## 愛吃醋

# 三大類型

理智型：1、4、7
表現型：2、5、8
感性型：3、6、9

# 是甚麼

 1 是麻辣鍋，又嗆又辣又美容，一口接一口、耐人尋味。

 2 是牛奶，營養、美味、方便、便宜，早餐必備飲品。

3 是雞尾酒，什麼事都是三分鐘熱度，酒後調情最自然。

雞尾酒

4 是吃到飽，經濟實惠、任你吃，一盤一盤吃到撐。

5 是冰淇淋，大人小孩人人愛，人手一支不奇怪。

冰淇淋

6 是自助餐，白飯、例湯無限供應，想吃啥吃多少算多少，真是符合效益。

7 是日式料理，絕對需要真材實料，每個人都離不開它。

日式料理

8 是滿漢全席，大鳴大放，極度奢靡，還要裝潢豪華，就是要氣派。

9 是甜品， 任何人阻擋不了它的誘惑，甜滋滋又夢幻到不行。

甜品

0 是調味料， 加上它甜鹹自由變化，少了它美味全沒了。

# 團隊能力PK

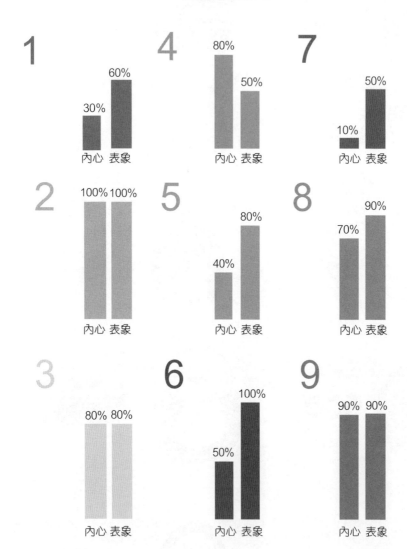

1

30% 60%
內心 表象

4

80%
50%
內心 表象

7

10% 50%
內心 表象

2

100% 100%
內心 表象

5

40% 80%
內心 表象

8

70% 90%
內心 表象

3

80% 80%
內心 表象

6

50% 100%
內心 表象

9

90% 90%
內心 表象

# 第一名

1數人，敢愛敢恨第一名。

衝動第一名、火氣第一名、大膽第一名、認真第一名、一夫當關第一名、敢愛敢恨第一名。

2 數人敏感第一名

愛家第一名、吃醋第一名、敏感第一名、忍耐第一名、孝順第一名、多話第一名、吃苦耐勞第一名。

3數人 - 愛美第一名

愛美第一名、創意第一名、貪玩第一名、八卦第一名、聰慧第一名、品味第一名、幽默第一名、三姑六婆第一名。

4 數人多疑第一名

鎮定第一名、多疑第一名、體貼第一名、愛吃第一名、節儉第一名、保守第一名、刁鑽古怪第一名。

5 數人愛現第一名

自信第一名、愛現第一
名、Crazy第一名、要
面子第一名、風度第
一名、另類第一名、
口若懸河第一名。

6 數人癡情第一名

癡情第一名、心軟第一
名、可靠第一名、細心第
一名、挑剔第一名、公
正第一名、愛乾淨第一
名、求神拜鬼第一名。

7 數猶豫第一名

好學第一名、嚴肅第
一名、好奇第一名、
猶豫第一名、懶惰第
一名、善辯第一名、
自命不凡第一名。

8 數人愛賺錢第一名

耍帥第一名、魅力第一名、
穩重第一名、理智第一名、
冷冰冰第一名、愛賺錢第
一名、千金一擲第一名。

九數人愛作夢第一名

迷糊第一名、善良
第一名、智慧第一
名、愛作夢第一名、
胡思亂想第一名、
純潔無瑕第一名。

# 向誰借錢最容易

9 慈悲的爛好人

6 有責任感的人

3 好面子的人

2 渴求不被排斥的人

8 自認大哥的人

5 識時務者為俊傑的人

1 深思熟慮的人

7 必須有充份理由的人

4 虛晃幾招，逃之夭夭的人

銀行

你家的蟑螂小強生病
需要多少醫藥費
我去跟朋友借錢

這是我全部存款
夠不夠？
我的能力只到這了

我先回去看看存款
在Line你

上次你借的錢
還沒有還
你就不理我了

我去湊湊看
或是跟朋友
借借看

你借錢的理由
也太爛了吧

沒~沒~沒問題~~
誰叫我是大哥大

要寫借據喔
還要載明還款日期

借據要怎麼寫
才能逼他
一定還錢

# 當公司正在開會中

1數人、 主導整場會議，並下總結論。
2數人、 認真傾聽、以不變應萬變。
3數人、 天馬行空、暢所欲言其新的創意。
4數人、 認真記錄、並盤算自身利益。
5數人、 嘻皮笑臉、偶爾穿插冷笑話。
6數人、主動負責所有跑腿打雜的瑣事，並且忙得不可開交。
7數人、 事先早已經收集相關資訊，並強調其重要性。
8數人、 大談人脈的運用，並主張花大錢作廣告。
9數人、 安撫情緒不佳的同仁，希望以和為貴。

## 在捷運車廂裡，如果座無虛席，各個魔數人的反應

1數人、 獨自一人、斜靠車門，低頭玩手機。

2數人、 單手幫友人拿東西，另一隻手抓
緊車環，輕聲細語和友人聊天。

3數人、 高談闊論，並且對著陌生人點頭示意。

4數人、 臉露不屑表情，看著說笑話的3數人。

5數人、 忙於交換名片，並且洽談合作方案。

6數人、 眼觀四面、隨時注意是否有老弱婦孺，需要起身讓座。

7數人、 手持書本或報章雜誌，認真閱覽。

8數人、 和友人計畫著、如何聯合眾人一起創業、做生意。

9數人、 用嘻笑怒罵的方式，尋問友人如果中樂透要如何享樂。

# 心靈最易受傷

6 ﹥ 2 ﹥ 4 ﹥ 8 ﹥ 9 ﹥ 5 ﹥ 3 ﹥ 7 ﹥ 1

5是樂於吃喝的人，但是如果拒絕他們，5數
人也無所謂，所以受傷程度不強烈。
樂天第一名的3數人，活在自己的理想中，所以無所謂別人的感受。
獨處第一名的7數人，對於別人的拒絕，視為
理所當然，所以受傷程度只有30%。
自我療癒第一名的1數人，會自己安排生
活，所以是最不會受傷的數字。

# 心靈最易受傷

6 ＞ 2 ＞ 4 ＞ 8 ＞ 9 ＞ 5 ＞ 3 ＞ 7 ＞ 1

6－因為內心有所求，所以會是最容易受傷
的數字，並且還會把怨言發洩出來。

2－最配合但也是最敏感的數字，受傷程度第二名。

4－自尊心強，常因他人的一句無心話而受傷，
只要發現4數人不連絡了，就知道他受傷了。

8－不能拒絕的數字，只要對8數人說
出反對意見，他們就受傷了。

9－9數人喜看表面，所以臉色是關鍵，只要擺個臭
臉給9數人看，他們就會在內心裡胡思亂想。

# 說話的技巧

某日
Q妹的便當,被人偷吃~~~~

# 財運PK

強　8 > 4 > 5 > 1 > 7 > 6 > 9 > 2 > 3　弱

## 購買樂透

102

# 人緣PK

強　2 > 9 > 3 > 8 > 5 > 6 > 4 > 7 > 1　　弱

2-所有活動,2數人
一定積極參與

3-善於鼓吹
朋友一起參加活動

9-任何活動
9數人均希望
全員參加

8-言詞暗示
可建立人脈
助於業務拓展

5-暗中評估
是否有商機

6-衡量參與人員
思考如何建立交情

4-找出目標人物
拓展人脈

7-對於長官
積極拉攏
其他朋友
淡淡之交

1-獨善其身
不喜歡參與活動

# 力爭上游的數字

### 第一名、1數：

1是從小就獨立自主，有想法、有個性的人，
很多班級上的幹部，都是1數的。
我曾在一家大型連鎖企業，作過調查統計，
發現他們各家分店的店長，都有1數。

### 第二名、8數：

8本身就有老闆命格，和1數不同在於，1是靠自己
努力打拼，而8卻是靠著貴人，成為空降部隊。
我也發現到，很多大哥級的人物，在命
盤上或是流年裡，都是8數。

### 第三名、5數：

八面玲瓏的業務高手，當然是奮發向上的代表。
5數的人，賺錢就是為了享樂，所以看到5數
人在工作時，絕對是全力以赴的。

### 第四名、4數：

鬼腦筋的賺錢天才，4數是會賺錢也會存錢的異
數。別看他神出鬼沒，但是就有通天本領，暗
地賺錢賺到手抽筋，真讓人佩服、佩服。

### 第五名、7數：

有著深入研究、勤作功課的本領，他的努力，
是一般人看不到的，但是每每出手，必定命中
要害，精準無比，7數也是個屬害角色。

### 第六名、9數：

有著偉大志向的9數，當然會努力工作的，9數還會帶
領一大幫兄弟、死黨們，一同進行偉大的事業。

### 第七名、6數：

其實6數是個優良員工，盡忠職守，使命
必達，只是野心沒有別人大而已。

### 第八名、2數：

2數因為太在乎家庭，所以工作上常有牽絆，努
力以赴的指數，就多以團隊目標為主。

### 第九名、3數：

玩世不恭的玩咖，努力是為了掌聲，為了炫
耀面子而為，所以我將3數排在最後。

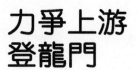

# 意志力PK

強　7 > 1 > 8 > 4 > 6 > 5 > 3 > 9 > 2　弱

# Chapter 4

流年--Lifetime●●●●●●●●●●●●●●

巫婆Q：

「每個轉換點必有大事發生。快快神算出自己每一年的流年吧！」

## 轉換點

每個人的流年週期，均以36為基礎數，再以9為增加年數。

36 － 主星 － 9 = 第一轉換點
36 － 主星　　　= 第二轉換點
第二轉換點 ＋ 9 = 第三轉換點
第三轉換點 ＋ 9 = 第四轉換點
第四轉換點 ＋ 9 = 第五轉換點

在每個轉換點加上1，就是正確的轉換年紀。

## 轉換階段的計算方程式

第一轉換點和第二轉換點之間稱為第一階段

第二轉換點和第三轉換點之間稱為第二階段

第三轉換點和第四轉換點之間稱為第三階段

第四轉換點和第五轉換點之間稱為第四階段

# 轉換階段

## 範例1

國曆1964年5月23日　　主星 3

36歲（基礎數）－ 3（主星）－ 9（週期）＝ 24歲　第一轉換點
36歲（基礎數）－ 3（主星）　　　　　＝ 33歲　第二轉換點
33歲　　　　　＋ 9　　　　　　　　　＝ 42歲　第三轉換點
42歲　　　　　＋ 9　　　　　　　　　＝ 51歲　第四轉換點
51歲　　　　　＋ 9　　　　　　　　　＝ 60歲　第五轉換點

|  | 第一階段 | 第二階段 |
| --- | --- | --- |
| 24~25歲 | 33~34歲 | 42~43歲 |
| 第一轉換點 | 第二轉換點 | 第三轉換點 |

| 第三階段 | 第四階段 |
| --- | --- |
| 51~52歲 | 60~61歲 |
| 第四轉換點 | 第五轉換點 |

## 範例2

國曆1958年6月17日　　主星 1

36歲（基礎數）－ 1（主星）－ 9（週期）＝ 26歲　　第一轉換點

36歲（基礎數）－ 1（主星）　　　　　　＝ 35歲　　第二轉換點

35歲　　　　　　＋ 9　　　　　　　　　＝ 44歲　　第三轉換點

44歲　　　　　　＋ 9　　　　　　　　　＝ 53歲　　第四轉換點

53歲　　　　　　＋ 9　　　　　　　　　＝ 62歲　　第五轉換點

　　　　　　　　第一階段　　　　　　　　第二階段

26~27歲　　　　　　　35~36歲　　　　　　　44~45歲

第一轉換點　　　　　　第二轉換點　　　　　　第三轉換點

第三階段　　　　　第四階段

53~54歲　　　　　　62~63歲

第四轉換點　　　　　第五轉換點

## 範例3

國曆1962年10月8日　　主星 9

36歲（基礎數）－ 9（主星）－ 9（週期）＝ 18歲　　第一轉換點
36歲（基礎數）－ 9（主星）　　　　　　＝ 27歲　　第二轉換點
27歲　　　　　　＋ 9　　　　　　　　　＝ 36歲　　第三轉換點
36歲　　　　　　＋ 9　　　　　　　　　＝ 45歲　　第四轉換點
45歲　　　　　　＋ 9　　　　　　　　　＝ 54歲　　第五轉換點

|  第一階段 | 第二階段 |
| --- | --- |

18~19歲　　　　　　27~28歲　　　　　　36~37歲
第一轉換點　　　　　第二轉換點　　　　　第三轉換點

第三階段　　　第四階段

45~46歲　　　　　54~55歲
第四轉換點　　　　第五轉換點

# 大流年方程式

第一階段

先天流年是月份

（二位數則相加，直到個位數為止。）

後天流年是月份＋生日

（所有數字相加，直到個位數為止。）


第二階段

先天流年是生日

（二位數則相加，直到個位數為止。）

後天流年是年份＋生日

（所有數字相加，直到個位數為

止。）


第三階段

先天流年是生日

（二位數則相加，直到個位數為止。）

後天流年是第一階段的後天流年數＋第二階段的後

天流年數

。


第四階段

先天流年是年份

（所有數字相加，直到個位數為止。）

後天流年是月份＋年份（所有數字相加，直到個位

數為止。）

# 先天流年數的計算方程式

第一階段

　　先天流年數是－－月份

　（二位數則相加，直到個位數為止。）

　　範例1：　國曆1964年5月23日

　　　　　　先天流年數5

第二階段

　　先天流年數是－－生日

　（二位數則相加，直到個位數為止。）

　　範例1：　國曆1964年5月23日

　　　　　　2＋3＝5　　先天流年數5

第三階段

　　先天流年數是－－生日

　（二位數則相加，直到個位數為止。）

　　範例1：　國曆1964年5月23日

　　　　　　2＋3＝5　　先天流年數5

第四階段

　　先天流年數是－－年份

　（所有數字相加，直到個位數為止。）

　　範例1：　國曆1964年5月23日

　　　　　　1＋9＋6＋4＝20

　　　　　　2＋0＝2　　先天流年數2

## 範例1

國曆1964年5月23日　　主星 3

36歲（基礎數）－3（主星）－9（週期）＝24歲　　第一轉換點
5（出生月份）先天流年數

36歲（基礎數）－3（主星）　　　　　　　＝33歲　　第二轉換點
2＋3（出生日）＝5 先天流年數

33歲　　　　　　　＋9　　　　　　　　　＝42歲　　第三轉換點
2＋3（出生日）＝5 先天流年數

42歲　　　　　　　＋9　　　　　　　　　＝51歲　　第四轉換點
1＋9＋6＋4（出生年份）＝20
2＋0＝2 先天流年數

51歲　　　　　　　＋9　　　　　　　　　＝60歲　　第五轉換點

| 先天流年數 5 | 先天流年數 5 | |
|---|---|---|
| 24~25歲 | 33~34歲 | 42~43歲 |
| 第一轉換點 | 第二轉換點 | 第三轉換點 |

| 先天流年數 5 | 先天流年數 2 |
|---|---|
| 51~52歲 | 60~61歲 |
| 第四轉換點 | 第五轉換點 |

## 範例2

國曆1958年6月17日　　主星 1

36歲（基礎數）－ 1（主星）－ 9（週期）＝ 26歲　　第一轉換點
6（出生月份）＝6　先天流年數

36歲（基礎數）－ 1（主星）　　　　　　＝ 35歲　　第二轉換點
1＋7（出生日）＝8　先天流年數

35歲　　　　　　＋ 9　　　　　　　　　＝ 44歲　　第三轉換點
1＋7（出生日）＝8　先天流年數

44歲　　　　　　＋ 9　　　　　　　　　＝ 53歲　　第四轉換點
1＋9＋5＋8（出生年份）＝23
2＋3＝5　先天流年數

53歲　　　　　　＋ 9　　　　　　　　　＝ 62歲　　第五轉換點

|  先天流年數 6 |  先天流年數 8 | |
| :---: | :---: | :---: |
| 26~27歲 | 35~36歲 | 44~45歲 |
| 第一轉換點 | 第二轉換點 | 第三轉換點 |

| 先天流年數 8 | 先天流年數 5 | |
| :---: | :---: | :---: |
| 53~54歲 | 62~63歲 | |
| 第四轉換點 | 第五轉換點 | |

## 範例3

國曆1962年10月8日　　主星 9

36歲（基礎數）－ 9（主星）－ 9（週期）＝ 18歲　　第一轉換點
1＋0（出生月份）＝1　先天流年數

36歲（基礎數）－ 9（主星）　　　　　　　＝ 27歲　　第二轉換點
8（出生日）＝8　先天流年數

27歲　　　　　　　＋ 9　　　　　　　　＝ 36歲　　第三轉換點
8（出生日）＝8　先天流年數

36歲　　　　　　　＋ 9　　　　　　　　＝ 45歲　　第四轉換點
1＋9＋6＋2（出生年份）＝18
1＋8＝9　先天流年數

45歲　　　　　　　＋ 9　　　　　　　　＝ 54歲　　第五轉換點


先天流年數 1　　　　　　先天流年數 8

| 18~19歲 | 27~28歲 | 36~37歲 |
|---|---|---|
| 第一轉換點 | 第二轉換點 | 第三轉換點 |

先天流年數 8　　　　　　先天流年數 9

| 45~46歲 | 54~55歲 |
|---|---|
| 第四轉換點 | 第五轉換點 |

# 後天流年、主、輔星的計算方程式

## 範例1

### 第一階段

後天流年的主、輔星是－－月份＋生日（所有數字相加，直到個位數為止。）

國曆1964年5月23日
5（出生月份）＋2＋3（出生日）＝10
1＋0＝1　　後天流年主星1、後天流年輔星1、0

### 第二階段

後天流年的主、輔星是－－生日＋年份（所有數字相加，直到個位數為止。）

國曆1964年5月23日
2＋3（出生日）＋1＋9＋6＋4（出生年份）＝25
2＋5＝7　　後天流年主星7、後天流年輔星2、5

### 第三階段

後天流年的主、輔星是－－第一階段的流年數＋第二階段的流年數。（所有數字相加，直到個位數為止。）

國曆1964年5月23日

1（第一階段的後天流年主星）＋7（第二階段的後天流年主星）＝8　後天流年主星8、後天流年輔星1、7

第四階段

後天流年的主、輔星是－－年份＋月份（所有數字相加，直到個位數為止。）

國曆1964年5月23日

1＋9＋6＋4（出生年份）＋5（出生月份）＝25

2＋5＝7　後天流年主星7、後天流年輔星2、5

## 範例2

第一階段

後天流年的主、輔星是－－月份＋生日（所有數字相加，直到個位數為止。）

國曆1958年6月17日

6（出生月份）＋1＋7（出生日）＝14

1＋4＝5　後天流年主星5、後天流年輔星1、4

## 第二階段

後天流年的主、輔星是－－年份＋生日（所有數字相加，直到個位數為止。）

國曆1958年6月17日

1＋9＋5＋8（出生年份）＋1＋7（出生日）＝31

3＋1＝4　後天流年主星4、後天流年輔星3、1

## 第三階段

後天流年的主、輔星是－－第一階段的流年數＋第二階段的流年數。（所有數字相加，直到個位數為止。）

國曆1958年6月17日

5（第一階段的後天流年主星）＋4（第二階段的後天流年主星）＝9

後天流年主星9、後天流年輔星5、4

## 第四階段

後天流年的主、輔星是－－年份＋月份（所有數字相加，直到個位數為止。）

國曆1958年6月17日

1＋9＋5＋8（出生年份）＋6（出生月份）＝29

2＋9＝11　1＋1＝2　後天流年主星2、後天流年輔星1、1

# 後天流年方程式

## 範例1

國曆1964年5月23日　　主星 3

36歲（基礎數）－3（主星）－9（週期）＝24歲　　第一轉換點
5（出生月份）＋2＋3（出生日）＝10
1＋0＝1　後天流年主星1、後天流年輔星1、0

36歲（基礎數）－3（主星）　　　　　　　＝33歲　　第二轉換點
2＋3（出生日）＋1＋9＋6＋4（出生年份）＝25
2＋5＝7　後天流年主星7、後天流年輔星2、5

33歲　　　　　＋9　　　　　　　　　　＝42歲　　第三轉換點
1（第一階段後天流年主星）＋7（第二階段後天流年主星）＝8
後天流年主星8、後天流年輔星1、7

42歲　　　　　＋9　　　　　　　　　　＝51歲　　第四轉換點
1＋9＋6＋4（出生年份）＋5（出生月份）＝25
2＋5＝7　後天流年主星7、後天流年輔星2、5

51歲　　　　　＋9　　　　　　　　　　＝60歲　　第五轉換點

|  |  |  |
|---|---|---|
| 後天流年 1（主星）<br>1（輔星）、0（輔星） | 後天流年 7（主星）<br>2（輔星）、5（輔星） |  |
| 24~25歲 | 33~34歲 | 42~43歲 |
| 第一轉換點 | 第二轉換點 | 第三轉換點 |

|  |  |
|---|---|
| 後天流年 8（主星）<br>1（輔星）、7（輔星） | 後天流年 7（主星）<br>2（輔星）、5（輔星） |
| 51~52歲 | 60~61歲 |
| 第四轉換點 | 第五轉換點 |

## 範例2

國曆1958年6月17日　　主星 1

36歲（基礎數）－1（主星）－9（週期）＝26歲　　第一轉換點
6（出生月份）＋1＋7（出生日）＝14
1＋4＝5　後天流年主星5、後天流年輔星1、4

36歲（基礎數）－1（主星）　　　　　　　　＝35歲　　第二轉換點
1＋7（出生日）＋1＋9＋5＋8（出生年份）＝31
3＋1＝4　後天流年主星4、後天流年輔星3、1

35歲　　　　　　＋9　　　　　　　　＝44歲　　第三轉換點
5（第一階段後天流年主星）＋4（第二階段後天流年主星）＝9
後天流年主星9、後天流年輔星5、4

44歲　　　　　　＋9　　　　　　　　＝53歲　　第四轉換點
1＋9＋5＋8（出生年份）＋6（出生月份）＝29
2＋9＝11　1＋1＝2　後天流年主星2、後天流年輔星1、1

53歲　　　　　　＋9　　　　　　　　＝62歲　　第五轉換點

```
      後天流年 5（主星）            後天流年 4（主星）
      1（輔星）、4（輔星）          3（輔星）、1（輔星）
═══════════════════════════════════════════════════════
   26~27歲            35~36歲            44~45歲
  第一轉換點          第二轉換點          第三轉換點
```

```
      後天流年 9（主星）            後天流年 2（主星）
  5（輔星）、4（輔星）            1（輔星）、1（輔星）
═══════════════════════════════════════════════════════
          53~54歲                    62~63歲
         第四轉換點                  第五轉換點
```

## 範例3

國曆1962年10月8日　　主星 9

36歲（基礎數）－9（主星）－9（週期）＝18歲　第一轉換點
1＋0（出生月份）＋8（出生日）＝9
後天流年主星9、後天流年輔星1、8

36歲　　　　　　－9　　　　　　　＝27歲　第二轉換點
8（出生日）＋1＋9＋6＋2（出生年份）＝26
2＋6＝8　後天流年主星8、後天流年輔星2、6

27歲　　　　　　＋9　　　　　　　＝36歲　第三轉換點
9（第一階段後天流年主星）＋8（第二階段後天流年主星）＝17
1＋7＝8　後天流年主星8、後天流年輔星1、7

36歲　　　　　　＋9　　　　　　　＝45歲　第四轉換點
1＋9＋6＋2（出生年份）＋1＋0（出生月份）＝19
1＋9＝10　1＋0＝1　後天流年主星1、輔星1、0

45歲　　　　　　＋9　　　　　　　＝54歲　第五轉換點

後天流年　9（主星）　　　　後天流年　8（主星）
1（輔星）、8（輔星）　　　　2（輔星）、6（輔星）

18～19歲　　　　27～28歲　　　　36～37歲
第一轉換點　　　第二轉換點　　　第三轉換點

後天流年　8（主星）　　　　後天流年　1（主星）
1（輔星）、7（輔星）　　　1（輔星）、0（輔星）

45～46歲　　　　54～55歲
第四轉換點　　　第五轉換點

## 先天流年數的論命詳解

　　每個大流年，均有先天流年數和後天流年數（即後天流年主、輔星）。先天流年數相當於命盤中的星座數字，它代表在大流年中，淺意識的性格。尤其在關鍵時刻，先天流年數會成為思考事物的基礎點。換言之、後天流年數（即後天流年主、輔星），是處理事物的第一反應，而先天流年數是深層最終決斷的反應。

### 先天流年數的意涵

1 衝刺事業、功成名就
2 結婚生子
3 走向幕前、發光發熱
4 購買房產土地
5 移居外地
6 按部就班、進入職場工作
7 掌握機會、獲取利益
8 自行創業、成立公司
9 運用人脈，合作得利

### 後天流年數的論命詳解

　　後天流年數的主、輔星，在當年大流年中，成為整個命盤的主星和輔星。而原來命盤的主、輔星，降級為第二、第三輔星。

以磁場論：

後天流年數主星的磁場為6分。

後天流年數輔星的磁場為3分。

原本命盤的主星磁場為2分。

原本命盤的輔星磁場為1分。

由此得之、後天流年數的主、輔星，在當年大流年中，是主導整個命運的關鍵。

# 小流年

☆每個人的主星數，即為出生年小流年，當年的主星數。

例如：

1964年出生的人、命盤主星3

1964年的當年小流年主星數為3
（和命盤主星相同）

1965年的當年小流年主星數為4
（每一年加上1，以此類推直到9，再回到1）

1966年的當年小流年主星數為5
（每一年加上1，往後均以此類推直到9，再回到1）

☆每一個小流年主星的週期均是從1~~9，9結束後又回到1，再從1~~9開始另一個週期。

☆西洋八字的歲數算法，是以實歲做為計算，所以、出

生年份為0歲，隔年為1歲，第三年為2歲，往後均以此類推。
例如：

1964年出生的人
1964年為0歲、1965年為1歲、1966年為2歲、1967年為3歲
往後均以此類推。

## 範例1
國曆1964年5月23日　　主星 3

| 1964年 | 1965年 | 1966年 | 1967年 | 1968年 | 1969年 | 1970年 |
|--------|--------|--------|--------|--------|--------|--------|
| 0歲 | 1歲 | 2歲 | 3歲 | 4歲 | 5歲 | 6歲 |
| 3 | 4 | 5 | 6 | 7 | 8 | 9 |

（小流年主星週期）

| 1971年 | 1972年 | 1973年 | 1974年 | 1975年 | 1976年 | 1977年 | 1978年 | 1979年 |
|--------|--------|--------|--------|--------|--------|--------|--------|--------|
| 7歲 | 8歲 | 9歲 | 10歲 | 11歲 | 12歲 | 13歲 | 14歲 | 15歲 |
| 1 | 2 | 3 | 4 | 5 | 6 | 7 | 8 | 9 |

| 1980年 | 1981年 | 1982年 | 1983年 | 1984年 | 1985年 | 1986年 | 1987年 | 1988年 | |
|--------|--------|--------|--------|--------|--------|--------|--------|--------|---|
| 16歲 | 17歲 | 18歲 | 19歲 | 20歲 | 21歲 | 22歲 | 23歲 | 24歲 | 第一轉換點 |
| 1 | 2 | 3 | 4 | 5 | 6 | 7 | 8 | 9 | |

| 1989年 | 1990年 | 1991年 | 1992年 | 1993年 | 1994年 | 1995年 | 1996年 | 1997年 | |
|--------|--------|--------|--------|--------|--------|--------|--------|--------|---|
| 25歲 | 26歲 | 27歲 | 28歲 | 29歲 | 30歲 | 31歲 | 32歲 | 33歲 | 第二轉換點 |
| 1 | 2 | 3 | 4 | 5 | 6 | 7 | 8 | 9 | |

| 1998年 | 1999年 | 2000年 | 2001年 | 2002年 | 2003年 | 2004年 | 2005年 | 2006年 | |
|--------|--------|--------|--------|--------|--------|--------|--------|--------|---|
| 34歲 | 35歲 | 36歲 | 37歲 | 38歲 | 39歲 | 40歲 | 41歲 | 42歲 | 第三轉換點 |
| 1 | 2 | 3 | 4 | 5 | 6 | 7 | 8 | 9 | |

| 2007年 | 2008年 | 2009年 | 2010年 | 2011年 | 2012年 | 2013年 | 2014年 | 2015年 | |
|--------|--------|--------|--------|--------|--------|--------|--------|--------|---|
| 43歲 | 44歲 | 45歲 | 46歲 | 47歲 | 48歲 | 49歲 | 50歲 | 51歲 | 第四轉換點 |
| 1 | 2 | 3 | 4 | 5 | 6 | 7 | 8 | 9 | |

| 2016年 | 2017年 | 2018年 | 2019年 | 2020年 | 2021年 | 2022年 | 2023年 | 2024年 | |
|--------|--------|--------|--------|--------|--------|--------|--------|--------|---|
| 52歲 | 53歲 | 54歲 | 55歲 | 56歲 | 57歲 | 58歲 | 59歲 | 60歲 | 第五轉換點 |
| 1 | 2 | 3 | 4 | 5 | 6 | 7 | 8 | 9 | |

## 範例2

國曆1958年6月17日　主星 1

| 1958年 | 1959年 | 1960年 | 1961年 | 1962年 | 1963年 | 1964年 | 1965年 | 1966年 |
|--------|--------|--------|--------|--------|--------|--------|--------|--------|
| 0歲 | 1歲 | 2歲 | 3歲 | 4歲 | 5歲 | 6歲 | 7歲 | 8歲 |
| 1 | 2 | 3 | 4 | 5 | 6 | 7 | 8 | 9 |

（小流年主星週期）

| 1967年 | 1968年 | 1969年 | 1970年 | 1971年 | 1972年 | 1973年 | 1974年 | 1975年 |
|--------|--------|--------|--------|--------|--------|--------|--------|--------|
| 9歲 | 10歲 | 11歲 | 12歲 | 13歲 | 14歲 | 15歲 | 16歲 | 17歲 |
| 1 | 2 | 3 | 4 | 5 | 6 | 7 | 8 | 9 |

| 1976年 | 1977年 | 1978年 | 1979年 | 1980年 | 1981年 | 1982年 | 1983年 | 1984年 | |
|--------|--------|--------|--------|--------|--------|--------|--------|--------|---|
| 18歲 | 19歲 | 20歲 | 21歲 | 22歲 | 23歲 | 24歲 | 25歲 | 26歲 | 第一轉換點 |
| 1 | 2 | 3 | 4 | 5 | 6 | 7 | 8 | 9 | |

| 1985年 | 1986年 | 1987年 | 1988年 | 1989年 | 1990年 | 1991年 | 1992年 | 1993年 | 第二轉換點 |
| 27歲 | 28歲 | 29歲 | 30歲 | 31歲 | 32歲 | 33歲 | 34歲 | 35歲 | |
| 1 | 2 | 3 | 4 | 5 | 6 | 7 | 8 | 9 | |

| 1994年 | 1995年 | 1996年 | 1997年 | 1998年 | 1999年 | 2000年 | 2001年 | 2002年 | 第三轉換點 |
| 36歲 | 37歲 | 38歲 | 39歲 | 40歲 | 41歲 | 42歲 | 43歲 | 44歲 | |
| 1 | 2 | 3 | 4 | 5 | 6 | 7 | 8 | 9 | |

| 2003年 | 2004年 | 2005年 | 2006年 | 2007年 | 2008年 | 2009年 | 2010年 | 2011年 | 第四轉換點 |
| 45歲 | 46歲 | 47歲 | 48歲 | 49歲 | 50歲 | 51歲 | 52歲 | 53歲 | |
| 1 | 2 | 3 | 4 | 5 | 6 | 7 | 8 | 9 | |

| 2012年 | 2013年 | 2014年 | 2015年 | 2016年 | 2017年 | 2018年 | 2019年 | 2020年 | 第五轉換點 |
| 54歲 | 55歲 | 56歲 | 57歲 | 58歲 | 59歲 | 60歲 | 61歲 | 62歲 | |
| 1 | 2 | 3 | 4 | 5 | 6 | 7 | 8 | 9 | |

## 範例3

國曆1962年10月8日　主星 9

1962年

0歲

9

（小流年主星週期）

| 1963年 | 1964年 | 1965年 | 1966年 | 1967年 | 1968年 | 1969年 | 1970年 | 1971年 |
| 1歲 | 2歲 | 3歲 | 4歲 | 5歲 | 6歲 | 7歲 | 8歲 | 9歲 |
| 1 | 2 | 3 | 4 | 5 | 6 | 7 | 8 | 9 |

| 1972年 | 1973年 | 1974年 | 1975年 | 1976年 | 1977年 | 1978年 | 1979年 | 1980年 | 第一轉換點 |
| 10歲 | 11歲 | 12歲 | 13歲 | 14歲 | 15歲 | 16歲 | 17歲 | 18歲 | |
| 1 | 2 | 3 | 4 | 5 | 6 | 7 | 8 | 9 | |

| 1981年 | 1982年 | 1983年 | 1984年 | 1985年 | 1986年 | 1987年 | 1988年 | 1989年 | 第二轉換點 |
| 19歲 | 20歲 | 21歲 | 22歲 | 23歲 | 24歲 | 25歲 | 26歲 | 27歲 | |
| 1 | 2 | 3 | 4 | 5 | 6 | 7 | 8 | 9 | |

| 1990年 | 1991年 | 1992年 | 1993年 | 1994年 | 1995年 | 1996年 | 1997年 | 1998年 | 第三轉換點 |
| 28歲 | 29歲 | 30歲 | 31歲 | 32歲 | 33歲 | 34歲 | 35歲 | 36歲 | |
| 1 | 2 | 3 | 4 | 5 | 6 | 7 | 8 | 9 | |

| 1999年 | 2000年 | 2001年 | 2002年 | 2003年 | 2004年 | 2005年 | 2006年 | 2007年 | 第四轉換點 |
| 37歲 | 38歲 | 39歲 | 40歲 | 41歲 | 42歲 | 43歲 | 44歲 | 45歲 | |
| 1 | 2 | 3 | 4 | 5 | 6 | 7 | 8 | 9 | |

| 2008年 | 2009年 | 2010年 | 2011年 | 2012年 | 2013年 | 2014年 | 2015年 | 2016年 | 第五轉換點 |
| 46歲 | 47歲 | 48歲 | 49歲 | 50歲 | 51歲 | 52歲 | 53歲 | 54歲 | |
| 1 | 2 | 3 | 4 | 5 | 6 | 7 | 8 | 9 | |

## 小流年數的論命詳解

　　每一年小流年數的主星，為當年流年中，命盤的主星。而大流年的主、輔星和原本命盤的主、輔星，降級為第二、第三、第四、第五輔星。

以磁場論：

小流年的主星磁場為6分

先天流年數的磁場為2分

後天流年數主星的磁場為3分

後天流年數輔星的磁場為2分

原本命盤的主星磁場為2分

原本命盤的輔星磁場為1分

由此得之、小流年的主星，在當年流年中，是主導整個命運的關鍵。

## 流年週期

1 播種→ 2 蟄伏→ 3 萌芽→ 4 紮根→ 5 繁衍
→ 6 孕育→ 7 重整→ 8 結果→ 9 休耕

## 流年數字的意涵

1 － 堅定執著力　5 － 多變社交力　9 － 慈善智慧力

2 － 虛實分辨力　6 － 圓滿愛心力

3 － 創新發明力　7 － 專業執行力

4 － 統籌組織力　8 － 知覺成就力

# Chapter 5.

## 流年命盤--Lifetime Mark ●●●●●●●●

**20歲之前**，大流年的先天流年數是生日魔數，後天流年主、輔星和原始命盤的主、輔星，是相同的。

**60歲之後**，大流年的先天流年數，又回到生日魔數，而後天流年主、輔星，又轉換回原始命盤的主、輔星。

20~60歲之間，以第四章節、所計算出來的方程式為依規。

## 大流年命盤符號

0歲到第一轉換點的命盤，為原始命盤。此命盤表示、一個人淺意識的原本性格。

### 範例1
國曆1964年5月23日

☆ **0~24**歲的流年命盤

命盤主星 3　　命盤輔星 3、0
雙子座 3　　生日魔數 5

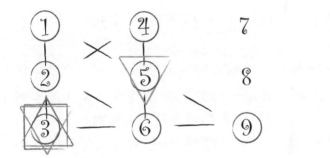

☆大流年的基礎命盤，以及此流年命盤的符號如下。

流年西元生日年、月、日符號　　　　流年主星符號：

流年輔星符號： ◯　　　　　流年隱藏輔星符號： ◯

流年星座宮位符號： ◯　　　　流年生日魔數符號： ◯

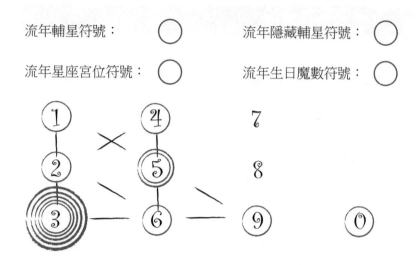

36歲（基礎數）－3（主星）－9（週期）＝ **24**歲　第一轉換點

第一轉換點到第二轉換點，其流年命盤的主星轉變為**後天流年主星**，其流年命盤的輔星轉變為**後天流年輔星**，其流年命盤的月份魔數轉變為**先天流年數**。

此流年命盤表示、在這個9~10年的大流年期間，所展現的流年運勢。

☆ **24~33**歲的流年命盤

先天流年數 5，後天流年主星 1，後天流年輔星 1、0

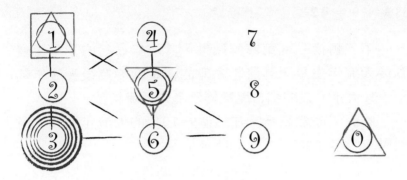

36歲（基礎數）－3（主星） ＝**33**歲　第二轉換點

　　第二轉換點到第三轉換點，其流年命盤的主星轉變為後天流年主星，其流年命盤的輔星轉變為後天流年輔星，其流年命盤的生日魔數轉變為先天流年數。

　　此流年命盤表示、在這個9~10年的大流年期間，所展現的流年運勢。

☆ **33~42**歲的流年命盤

先天流年數 5，後天流年主星 7，後天流年輔星 2、5

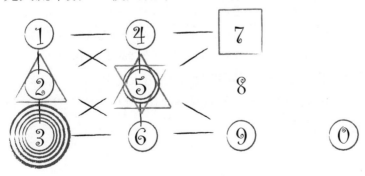

33歲 ＋ 9 ＝ **42**歲　　第三轉換點

第三轉換點到第四轉換點，其流年命盤的主星轉變為後天流年主星，其流年命盤的輔星轉變為後天流年輔星，其流年命盤的生日魔數轉變為先天流年數。

此流年命盤表示、在這個9~10年的大流年期間，所展現的流年運勢。

☆ **42~51**歲的流年命盤

先天流年數 5，後天流年主星 8，後天流年輔星 1、7

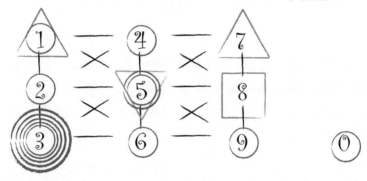

42歲 ＋ 9 ＝ **51**歲　　第四轉換點

第四轉換點到第五轉換點，其流年命盤的主星轉變為後天流年主星，其流年命盤的輔星轉變為後天流年輔星，其流年命盤的年份魔數轉變為先天流年數。

此流年命盤表示、在這個9~10年的大流年期間，所展現的流年運勢。

## ☆ **51~60**歲的流年命盤

先天流年數 2，後天流年主星 7，後天流年輔星 2、5

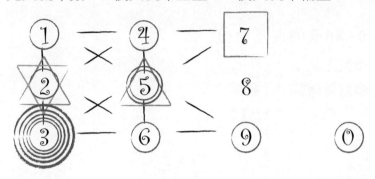

51歲 ＋ 9 ＝ **60**歲　　第五轉換點

第五轉換點之後的流年命盤，又回到最初的原始命盤。此流年命盤表示、每個人到了晚年，雖然受到人生歷鍊的影響，但是深藏在淺意識的原本性格，會再一次展現出來。

## ☆ **60**歲之後的流年命盤

命盤主星 3　　　　命盤輔星 3、0

雙子座 3　　　　　　　生日魔數 5

**範例2**

國曆1958年 6月 17日

☆**0~26**歲的流年命盤

命盤主星 1

命盤隱藏輔星＋輔星 3、7、 1、0

雙子座 3　　生日魔數 8

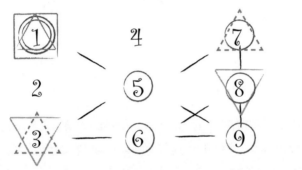

☆大流年的基礎命盤如下：

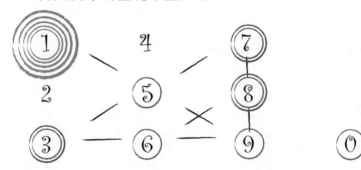

36歲（基礎數）－1（主星）－9（週期）＝**26**歲　第一轉換點

第一轉換點到第二轉換點，其流年命盤的主星轉變為後天流年主星，其流年命盤的輔星轉變為後天流年輔星，其流年命盤的月份魔數轉變為先天流年數。

此流年命盤表示、在這個9~10年的大流年期間，所展現的流年運勢。

### ☆ 26~35歲的流年命盤

先天流年數 6，後天流年主星 5，後天流年輔星 1、4

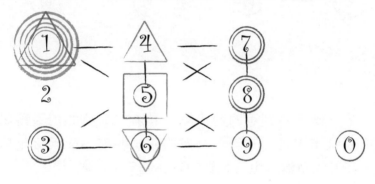

36歲（基礎數）－ 1（主星） ＝ 35歲 第二轉換點

---

第二轉換點到第三轉換點，其流年命盤的主星轉變為後天流年主星，其流年命盤的輔星轉變為後天流年輔星，其流年命盤的生日魔數轉變為先天流年數。

此流年命盤表示、在這個9~10年的大流年期間，所展現的流年運勢。

### ☆ **35~44**歲的流年命盤

先天流年數 8，後天流年主星 4，後天流年輔星 3、1

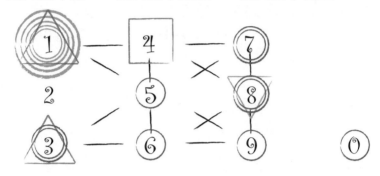

35歲 ＋ 9 ＝ 44歲　　第三轉換點

---

第三轉換點到第四轉換點，其流年命盤的主星轉變為後天流年主星，其流年命盤的輔星轉變為後天流年輔星，其流年命盤的生日魔數轉變為先天流年數。

此流年命盤表示、在這個9~10年的大流年期間，所展現的流年運勢。

### ☆ **44~53**歲的流年命盤

先天流年數 8，後天流年主星 9，後天流年輔星 5、4

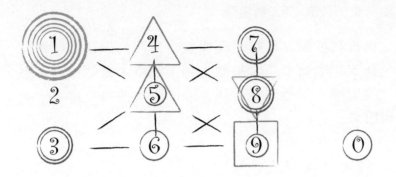

44歲 + 9 = 53歲　第四轉換點

第四轉換點到第五轉換點，其流年命盤的主星轉變為後天流年主星，其流年命盤的輔星轉變為後天流年輔星，其流年命盤的年份魔數轉變為先天流年數。

此流年命盤表示、在這個9~10年的大流年期間，所展現的流年運勢。

## ☆ 53~62歲的流年命盤

先天流年數 5，後天流年主星 2，後天流年輔星 1、1

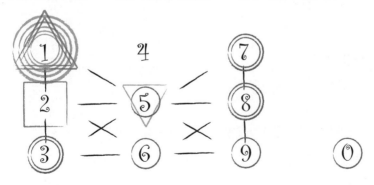

53歲 ＋ 9 ＝ 62歲　第五轉換點

　　第五轉換點之後的流年命盤，又回到最初的原始命盤。此流年命盤表示、每個人到了晚年，雖然受到人生歷鍊的影響，但是深藏在淺意識的原本性格，會再一次展現出來。

　　☆ **62**歲之後的流年命盤

　　命盤主星 1

　　命盤隱藏輔星＋輔星 3、7、1、0

　　雙子座 3　　生日魔數 8

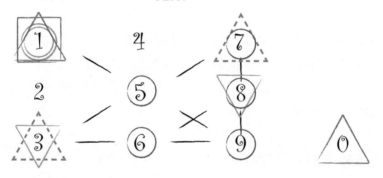

　　**範例3**

　　國曆1962年 10月 8日

　　☆ **0~18**歲的流年命盤

　　命盤主星 9

命盤輔星 2、7

天秤座 7　　生日魔數 8

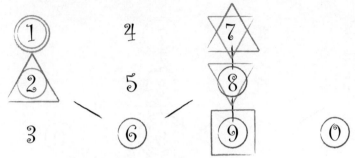

☆大流年的基礎命盤如下。

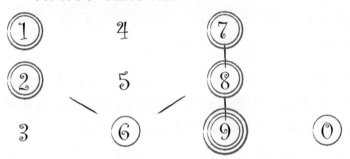

36歲（基礎數）－ 9（主星）－ 9（週期）＝ **18**歲　　第一轉換點

　　第一轉換點到第二轉換點，其流年命盤的主星轉變為
後天流年主星，其流年命盤的輔星轉變為後天流年輔星，
其流年命盤的月份魔數轉變為先天流年數。

　　此流年命盤表示、在這個9~10年的大流年期間，所展
現的流年運勢。

☆ **18~27**歲的流年命盤

先天流年數 1，後天流年主星 9，後天流年輔星 1、8

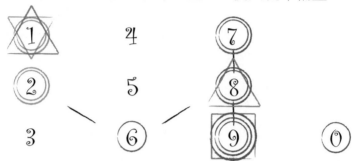

36歲（基礎數） － 9（主星） ＝ **27**歲　第二轉換點

第二轉換點到第三轉換點，其流年命盤的主星轉變為後天流年主星，其流年命盤的輔星轉變為後天流年輔星，其流年命盤的生日魔數轉變為先天流年數。

此流年命盤表示、在這個9~10年的大流年期間，所展現的流年運勢。

☆ **27~36**歲的流年命盤

先天流年數 8，後天流年主星 8，後天流年輔星 2、6

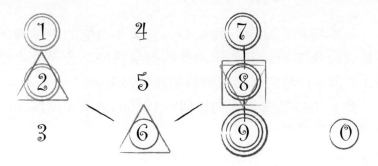

27歲 ＋ 9 ＝ **36**歲　第三轉換點

---

　　第三轉換點到第四轉換點，其流年命盤的主星轉變為後天流年主星，其流年命盤的輔星轉變為後天流年輔星，其流年命盤的生日魔數轉變為先天流年數。

　　此流年命盤表示、在這個9~10年的大流年期間，所展現的流年運勢。

☆ **36~45**歲的流年命盤

先天流年數 8，後天流年主星 8，後天流年輔星 1、7

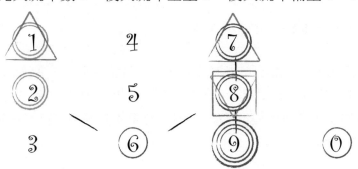

36歲　＋9　＝ **45**歲　　第四轉換點

第四轉換點到第五轉換點，其流年命盤的主星轉變為後天流年主星，其流年命盤的輔星轉變為後天流年輔星，其流年命盤的年份魔數轉變為先天流年數。

此流年命盤表示、在這個9~10年的大流年期間，所展現的流年運勢。

☆ **45~54**歲的流年命盤

先天流年數 9，後天流年主星 1，後天流年輔星 1、9

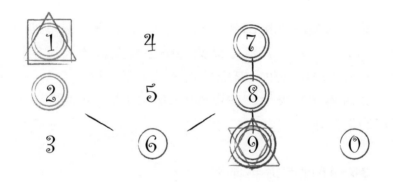

45歲 ＋ 9 ＝ **54**歲　　第五轉換點

第五轉換點之後的流年命盤，又回到最初的原始命盤。此流年命盤表示、每個人到了晚年，雖然受到人生歷鍊的影響，但是深藏在淺意識的原本性格，會再一次展現出來。

☆ **54**歲之後的流年命盤：

命盤主星 9

命盤輔星 2、7

天秤座 7　　生日魔數 8

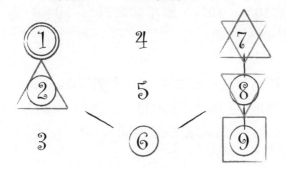

## 論命--Discussion

☆ 意義：

日－ 外在表象，給別人的第一印象

月－ 內在性格，就是風行已久的星座學

年－ 當代社會及大環境的潛移默化

☆分析：

1.　先從磁場最強的主連線開始，再依序磁場第二強的主連線，磁場第三強的主連線。

2. 磁場最強的副連線開始,再依序磁場第二強的副連
線,磁場第三強的副連線。

3. 綜合所有數字、線、面,再作交叉比對、分析判斷,
找出真正性格。

＊命盤只佔命理的30%~ 50%,流年佔有70%~50%的強
度。所以流年才是命理精華。

＊在20歲(必需計算出每個人確實的流年年數－20歲（只
是大約階段),大約是第一轉換點之前,大多被命掌控。
不論是先天還是後天的流年均和命盤相同。

＊60歲之後,大約是第五轉換點,又將回到原始命盤,
因為人生的經歷,而改變了個性。中國八字也有「60歲
以後不論命」的相同說法,只不過經歷了人生閱歷。在
60歲(必需計算每個人確實的流年年數－60歲只是大約階
段)之後晚年會多些調整。

＊命和運的關係,大部分的人在20~60歲之間有所轉變。

## 批命--Criticism

命盤:

1. 先將命盤和每一年的大、小流年,全部畫出來。

2. 首先、先從命盤的主連線開始分析。

3. 其次分析命盤的副連線。

4. 再分析命盤中的數字。

5. 如果命盤中的數字是沒有畫圈圈、正三角型、正方型、或倒三角型，則表示命盤中缺乏此數字，或此連線，所以這個數字或連線的代表意思，在個性中是缺乏的。


大流年：

1. 在每個階段，後天流年的主、輔星，變成命盤中的主星和輔星。

2. 先天流年數，變成星座數。

3. 另外使用紅色筆，在原來的命盤中（原始的主、輔星、星座數和生日魔數，都要保留。）

4. 再根據命盤分析的順序和方法，重新批命即可。

5. 每一個階段，都要使用原始的命盤，重新定位新的當年後天流年主、輔星和先天流年數。


小流年：

1. 原始命盤＋當年大流年命盤，再加上當年小流年的主星數為主星，以此批命即可。

# Chapter

名人算命●●●●●●●●●●●●●●●●

　　巫婆Q：「14位名人，透過獨家流年方程式計算出的轉換點必有大事發生，再以先天流年＋後天流年批算，奇準無比！讓你~~~~~~~~~不得不信。神機妙算、鐵口直斷就連上帝也瘋狂！」

流年表示法：1、2－3／2

即為：後天流年輔星－後天流年主星／先天流年數

## 高凌風--搞怪特異的青蛙王子

1950年2月28日

| 大流年 | 1、2－3/2 | 2、5－7/1 | 3、7－1/1 |
|---|---|---|---|
| 轉換點 | 18~19歲 | 27~28歲 | 36~37歲 |
| 斷言 | ☆在大學組樂團，並擔任主唱。<br>☆巧遇瓊瑤，並賜名《火鳥》。<br>☆隔年獲熱門音樂冠軍。 | ☆推出《姑娘的酒窩》專輯<br>☆以前衛造型、顛覆傳統，粉絲為之瘋狂。<br>☆隔年又推出更搞怪的《泡菜的故事》，在東南亞引起轟動，但是遭三台封殺。<br>☆因為登台的檔期和黑道衝突，左肩被砍傷，帶傷登台，造成轟動，而上了社會新聞。<br>☆和第一任妻子結婚，育有二女。 | ☆主唱瓊瑤大戲《煙雨濛濛》的主題曲"濛濛煙雨<br>☆主持《鑽石舞台》，收視冠軍。<br>☆與第二任妻子文潔結婚<br>☆隔年因為文潔欲轉進台視遭拒，以拒錄表示抗議<br>☆退出演藝圈。<br>☆開設海中天餐廳、閣樓夜總會，生意一度鼎盛。 |

| 大流年 | 1、7－8／6 | 本命盤 | 本命盤 |
|---|---|---|---|
| 轉換點 | 45~46歲 | 54~55歲 | 63~64歲 |
| 斷言 | ☆和第三任妻子金友莊結婚。<br>☆生意倒閉，負債千萬。<br>☆重返演藝圈。 | ☆推出第30張唱片《你好嗎》。<br>☆出書《賺到30年》。<br>☆和製作人王偉忠不和，退出2100全民亂講、全民大悶鍋。<br>☆主持《名人高峰會》。 | ☆罹患血癌，撒手人寰。<br>☆和前妻金友莊互告官司。 |

## 命盤

主星 9　輔星 2、7　雙魚座 1、2、3　　生日魔數 1

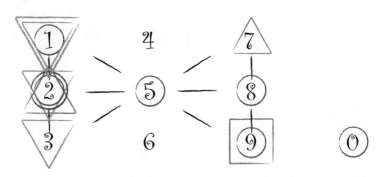

# 高凌風--1950年2月28日

## 0～18歲

命盤主星 9　命盤輔星 2、7　雙魚座 1、2、3　生日魔數 1

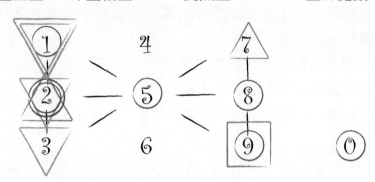

## 第一轉換點：18歲

☆在大學組樂團，並擔任主唱。

☆巧遇瓊瑤，並賜名"火鳥"。

☆隔年獲熱門音樂冠軍。

## 18~27歲：

後天流年主星 3　後天流年輔星 1、2　先天流年數 2

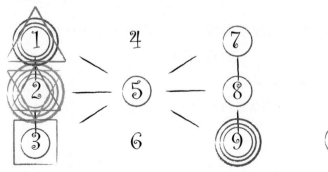

## 第二轉換點：２７歲

☆推出《姑娘的酒窩》專輯，以前衛造型、顛覆傳統，粉絲為之瘋狂。

☆隔年又推出更搞怪的《泡菜的故事》，在東南亞引起轟動，但是遭三台封殺。

☆因為登台檔期，和黑道衝突，左肩被砍傷帶傷登台，造成轟動，而上了社會新聞。

☆和第一任妻子結婚，育有二女。

### 27~36歲：
後天流年主星 7　　後天流年輔星 2、5　　先天流年數 1

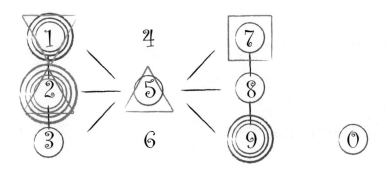

## 第三轉換點：３６歲

☆主唱瓊瑤大戲《煙雨濛濛》的主題曲《濛濛煙雨》。

☆主持《鑽石舞台》，收視冠軍。

☆與第二任妻子文潔結婚

☆隔年因為文潔欲轉進台視遭拒，以拒錄表示抗議。

☆退出演藝圈。

☆開設海中天餐廳、閣樓夜總會，生意一度鼎盛。

36~45歲：

後天流年主星 1　　後天流年輔星 3、7　　先天流年數 1

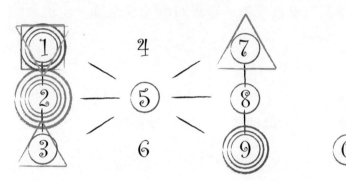

## 第四轉換點：４５歲

☆和第三任妻子金友莊結婚。

☆生意倒閉，負債千萬。

☆重返演藝圈。

45~54歲：

後天流年主星 8　　後天流年輔星 1、7　　先天流年數 6

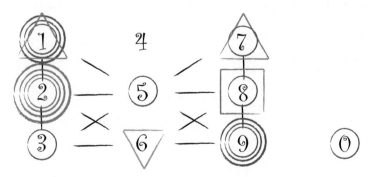

## 第五轉換點：54歲

☆推出第30張唱片《你好嗎》。

☆出書《賺到30年》。

☆和製作人王偉忠不和，退出2100全民亂講、全民大悶鍋。

☆主持《名人高峰會》。

54~63歲：

命盤主星 9　　命盤輔星 2、7　　雙魚座 1、2、3

生日魔數 1

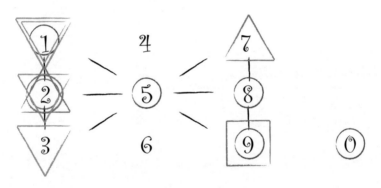

## 第六轉換點：63歲

☆罹患血癌，撒手人寰。

☆和前妻金友莊互告官司。

## 高凌風論命

短褲、長靴、墨鏡、耳環，縮著脖子，怪腔怪調的前衛歌星、「青蛙王子－高凌風」。

主星9、雙魚座、3－5－7的風頭線，天馬行空、創新多變、這就是高凌風的個性。輔星 7、高凌風有絕佳分析判斷力，他知道在演藝圈裡，藝人多如過江之鯽，只有搞怪，才能出頭天，觀眾才會看的到你。

再加上7－8－9貴人線的加持下，瓊瑤讓剛剛出道的高凌風，唱她當紅的電影主題曲，還讓高凌風擔任男主角，這個黃金貴人運，就是7－8－9的厲害。

聰明絕頂、才高八斗的高凌風，果然一炮而紅。

喜愛風花雪月、遊戲人間的高凌風，輔星為2，雖然在外面風流，但是對於家庭、他肯定是珍惜並且依賴的。這一輩子、都是女人決定離開高凌風，絕不是高凌風先拋棄女人的。

高凌風的命盤和流年，沒有4和6，所以高凌風對金錢完全沒有規劃、什麼腳踏實地啊、按部就班啊、家庭責任啊、社會表率啊、這些對高凌風來說，都是最、最、最不重要的鳥事了，他就是不計代價要成功，要賺錢，明白了嘛。

才華洋溢、獨領風騷的高凌風，是非常懂得在適當的時機掌握貴人，並且靠著自身努力，同中求異、異中求變，變中再變，把握機會、創造時機。

高凌風是一個有才華、有貴人的風流才子，賺錢→

享樂→花錢→再賺錢，這就是他的生活哲學。

　　瞧瞧高凌風的流年，真是絕妙，**三次婚姻，完全在三個轉換點**上。可見女人、是他生命中的「貴人」、也是「禍水」喔！高凌風的一生和這些女人們，息息相關、密不可分。

　　『神！~準！~啊！~~　』我不禁自己讚嘆不已。^-^~~~~~~

# 費玉清--金嗓歌王（小哥）

1955年7月17日

| 大流年 | 1、5-6/7 | 1、0-1/8 |
|---|---|---|
| 轉換點 | 19~20歲 | 28~29歲 |
| 斷言 | ☆進入陸光藝工隊，開啟表演才華。<br><br>☆隔年退伍，到狄斯角餐廳駐唱。 | ☆《夢駝鈴》專輯，空前熱賣，蟬聯華視綜藝100十三周冠軍，並攀上歌唱事業巔峰。<br><br>☆餐廳秀蓬勃發展，以唯妙唯肖的模仿秀，和笑料十足的脫口秀，賺進大把鈔票。<br><br>☆三度入圍金鐘獎，隔年榮獲金鐘獎，最佳男歌星獎，被稱為《金鐘歌王》。<br><br>☆老歌專輯《雅音新篇》系列，深受喜愛，不必宣傳就能大賣。 |

| 大流年 | 6、1-7/8 | 2、7-9/2 | 本命盤 |
|---|---|---|---|
| 轉換點 | 37~38歲 | 46~47歲 | 55~56歲 |
| 斷言 | ☆轉往主持界發展，和張菲一起主持《龍兄虎弟》，長居收視冠軍。<br><br>☆其後十年是另一個里程碑，，並為他帶來2座金鐘獎最佳主持人獎。<br><br>☆加盟飛碟唱片。<br><br>☆榮獲金鼎獎最佳男演唱人獎。 | ☆爾後10年，完成22場世界巡迴演唱會，場場爆滿、一票難求。<br><br>☆在周杰倫的演唱會，以完全不同唱腔，唱響了《千里之外》。 | ☆深愛的母親病逝。<br><br>☆突然宣佈退隱。 |

## 命盤

主星 8　　輔星 3、5

巨蟹座 4　　生日魔數 8

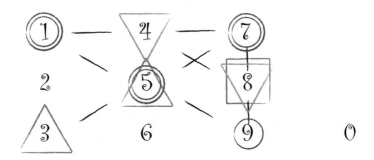

## 費玉清--1955年7月17日

### 0~19歲

命盤主星 8　　命盤輔星 3、5

巨蟹座 4　　生日魔數 8

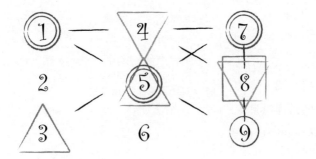

## 第一轉換點：19歲

☆進入陸光藝工隊，開啟表演才華。

☆隔年退伍，到狄斯角餐廳駐唱。

19~28歲：

後天流年主星 6　　後天流年輔星 1、5　　先天流年數 7

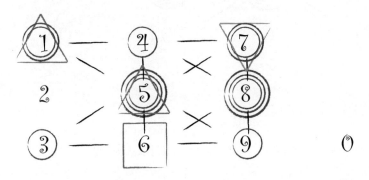

## 第二轉換點：28歲

☆《夢駝鈴》專輯，空前熱賣，蟬聯華視綜藝100十三周
冠軍，並攀上歌唱事業巔峰。

☆餐廳秀蓬勃發展，以唯妙唯肖的模仿秀，和笑料十足
的脫口秀，賺進大把鈔票。

☆三度入圍金鐘獎，隔年榮獲金鐘獎，最佳男歌星獎，
被稱為《金鐘歌王》。

☆老歌專輯《雅音新篇》系列，深受喜愛，不必宣傳就
能大賣。

28~37歲：

後天流年主星 1　　後天流年輔星 1、0　　先天流年數 8

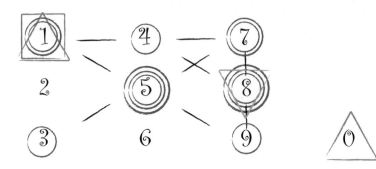

## 第三轉換點：37歲

☆轉往主持界發展，和張菲一起主持《龍兄虎弟》，長居收視冠軍。

☆其後十年是另一個里程碑，，並為他帶來2座金鐘獎最佳主持人獎。

☆加盟飛碟唱片。

☆榮獲金鼎獎最佳男演唱人獎。

37~46歲：

後天流年主星 7　　後天流年輔星 6、1　　先天流年數 8

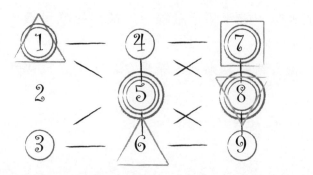

## 第四轉換點：46歲

☆爾後10年，完成22場世界巡迴演唱會，場場爆滿、一票難求。

☆在周杰倫的演唱會，以完全不同唱腔，唱響了《千里之外》。

46~55歲：

後天流年主星 9　　後天流年輔星 2、7　　先天流年數 2

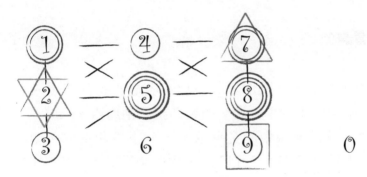

## 第五轉換點：55歲

☆深愛的母親病逝。

☆突然宣佈退隱。

55歲之後：

命盤主星 8　　命盤輔星 3、5

巨蟹座 4　　生日魔數 8

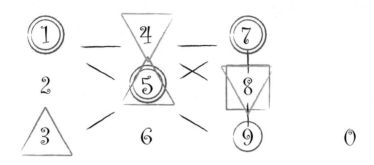

## 費玉清論命

　　30多年來，在歌壇出現一位，不老長青傳奇，永遠是一身中規中矩的中山裝、西裝乃至長袍馬掛。

　　他、就是傳說中的金嗓歌王－－小哥費玉清。剛開始看到小哥生日時，7月17日、我微微點點頭、7、代表專業。批完命盤、嚇一跳，主星8、輔星3、5。「哇！哇！」我驚呼一聲：「準啊！超準！」

　　難怪不少八卦流言都說小哥，閒暇之餘，喜歡賭上二把。

　　我斷言：28~38歲時，小哥在"餐廳秀"裡，賺翻了，鈔票數到手抽筋哦。

　　37~47歲、求新求變的小哥，除了鐘情的歌唱外，也迷戀上主持工作，還把他擅長的脫口秀和模仿秀，運用

在節目當中。尤其是模仿，無論對方是男是女、均模仿的唯妙唯肖，令人拍案叫絕。小哥的口才和臨場反應，更是一流，完全把輔星3、5的優點，發揮的淋漓盡致。

46~56歲、喜歡賺大錢又享受自由的小哥，開始計劃世界巡迴演唱會。他歌聲的感染力，始終迴盪心中、溫潤似玉、誠摯感人，放眼歌壇、無人能及，所以每場演唱會，均是場場爆滿、座無虛席。

無奈、造化弄人，55歲時母親驟逝，小哥足不出戶、深居簡出，退隱家中。

小哥另有一項、鮮為人知的絕活，就是投資精準，尤其是房地產，更是拍案叫絕，短短幾年、就穫利好幾個億。這就是人人稱羨的1－4－7、7－8－9、1－5－9，三線合一，發大財的命格呦！！！

**巫婆Q預言：**

☆富可敵國的小哥，晚年將重心放在經營生意，和大型的演唱會，人生將走向另一個商場的事業巔峰。

☆2016年和2021年有紅鸞星亂亂竄，如果沒有掌握，那麼……小哥，一個人也很好啦。

# 劉德華--天王之王（華仔）

1961年9月27日

| 大流年 | 1、8－9／9 | 2、6－8／9 |
|---|---|---|
| 轉換點 | 19~20歲 | 28~29歲 |
| 斷言 | ☆考進無線電視演員訓練班。<br><br>☆隔年在電視劇《獵鷹》中首度擔任男主角，一炮而紅。<br><br>☆開始參演電影《彩雲曲》。<br><br>☆隔年在電影《投奔怒海》，獲金像獎最佳新人提名。<br><br>☆和林子祥唱卡拉OK，受到大力讚賞，而開始唱歌。 | ☆自創天幕電影公司。<br><br>☆拍攝電影《賭神》大紅。<br><br>☆開始改變形象如《雷洛傳》，跨齡演出，獲金像獎最佳男主角提名，票房累計5300萬元。<br><br>☆連續4年拍攝50多部電影。<br><br>☆《可不可以》獲十大中文金曲獎。<br><br>☆國語專輯《如果你是我的傳說》，狂銷150萬張。<br><br>☆堅持國語、粵語併重發展，其後10年共50多張專輯，處於華語歌壇的巔峰狀態。 |

| 大流年 | 1、7－8/9 | 2、6－8/8 |
|---|---|---|
| 轉換點 | 37~38歲 | 46~47歲 |
| 斷言 | ☆再自創公司並自己管理<br><br>☆電影生涯的巔峰時期。<br><br>　☆天幕電影公司的虧損4000多萬元，清償完畢。<br><br>　☆累計收穫292個音樂獎項，成為粵語歌手之冠。被列入吉尼斯世界紀錄。 | ☆結婚<br><br>☆電影《投名狀》，獲金像獎最佳男主角提名。<br><br>☆勇救歌迷，從2米高的舞台上跳下，阻止保安圍毆歌迷。<br><br>☆獲香港亞洲電影票房巨星大獎。<br><br>☆義賣奧運火炬860萬元，全部用於四川震災教育事業。 |

# 命盤

主星 8　輔星 3、5

天秤座 7　生日魔數 9

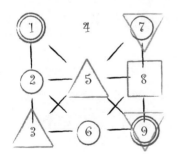

# 劉德華--1961年9月27日

## ０～１９歲

命盤主星 8　命盤輔星 3、5

天秤座 7　　生日魔數 9

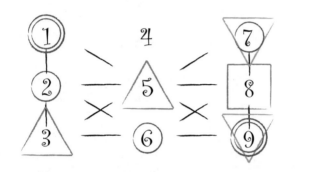

## 第一轉換點：19歲

☆考進無線電視演員訓練班。

☆隔年在電視劇《獵鷹》中首度擔任男主角，一炮而
紅。

☆開始參演電影《彩雲曲》。

☆隔年在電影《投奔怒海》，獲金像獎最佳新人提名。

☆和林子祥唱卡拉OK，受到大力讚賞，而開始唱歌。

#### 19～28歲：

後天流年主星 9　後天流年輔星 1、8　先天流年數 9

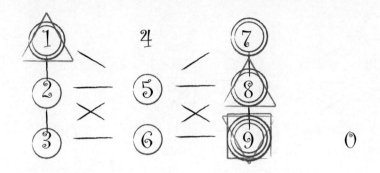

## 第二轉換點：28歲

☆自創天幕電影公司。

☆拍攝電影《賭神》大紅。

☆開始改變形象如《雷洛傳》，跨齡演出，獲金像獎最佳男主角提名，票房累計5300萬元。

☆連續4年拍攝50多部電影。

☆《可不可以》獲十大中文金曲獎。

☆國語專輯《如果你是我的傳說》，狂銷150萬張。

☆堅持國語、粵語併重發展，其後10年共50多張專輯，處於華語歌壇的巔峰狀態。

28～37歲：

後天流年主星 8　後天流年輔星 2、6　先天流年數 9

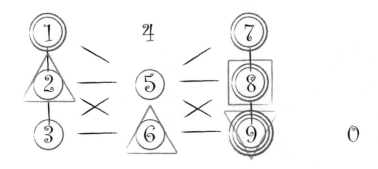

## 第三轉換點：37歲

☆再自創公司並自己管理

☆電影生涯的巔峰時期。

☆天幕電影公司的虧損4000多萬元，清償完畢。

☆累計收穫292個音樂獎項，成為粵語歌手之冠。被列入吉尼斯世界紀錄。

37～46歲：

後天流年主星 8　後天流年輔星 1、7　先天流年數 9

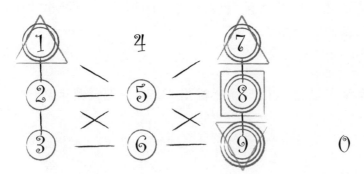

## 第四轉換點：４６歲

☆結婚

☆電影《投名狀》，獲金像獎最佳男主角提名。

☆勇救歌迷，從2米高的舞台上跳下，阻止保安圍毆歌迷。

☆獲香港亞洲電影票房巨星大獎。

☆義賣奧運火炬860萬元，全部用於四川震災教育事業。

46～55歲：

後天流年主星 8　後天流年輔星 2、6　先天流年數 8

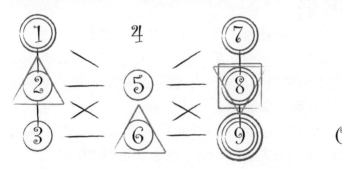

## 第五轉換點：５５歲

55歲之後：

命盤主星 8　命盤輔星 3、5

天秤座 7　生日魔數 9

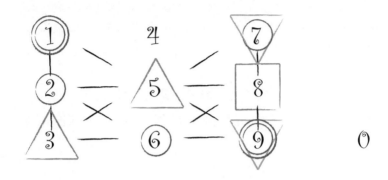

## 劉德華論命

驚爆！驚爆！巫婆Q要公開四大天王之王中王－－劉德華的命盤囉！

粉絲們、快來看喔。「準啊！太神了啊！」

主輔星3、5－8，先天、後天流年全是8，要不然就是9，天啊！只要看完西洋八字這本書的人，掐指一算就知道，此乃富貴之命是也。

而且、是熱心公益、慈悲為懷的大善人命也。難怪華仔篤信佛教，法號慧果，這、這不就是9數嘛。

28歲前、好人緣＋自身努力＋貴人相助＋善用媒體炒熱自己＝華仔成功四大密招。（哈哈！又被我說中了吧。）

28~37歲、流年走2、6－8/9，8數的野心開始出現，所以自創天幕電影公司，和朋友合夥。（2、6、8一定是合夥的，絕不會自己蠻幹。）無奈、華仔一生缺乏保守及保護自己的4數，尤其8數的人，做啥事都大手大腳，完全不計後果。還有6數，非常信任朋友，並且放任朋友胡搞瞎搞，最後當然以虧損4000多萬元收場唄！心疼

啊！華仔！你怎麼不到台灣時，順便找我幫你算算啊！

巫婆Q已經多次，不……應該是很多、很多次提醒2、6、8的朋友們，切記不要感情用事，一定要理智，親兄弟也要明算帳啊。華仔、你有聽到嗎？

37~47歲、華仔的理智線7數，終於出現了，華仔一個人概括承受，宣怖解散公司，認賠殺出。

46歲、無預警的結婚，還在演唱會上，從2米高的舞台上，縱身往下跳，就為了拯救被圍毆的歌迷。這、也只有2、6、8的人才會做的出來。

**巫婆Q預言：**

☆ 華仔重心將轉換成自創的影視公司，致力於幕前及幕後的工作，並自己親自掌管，人生將轉型成功，再創另一頁商場的事業高峰 。

☆親愛的華嫂、雖然華仔超級宇宙自戀＋瘋狂無敵工作狂，但是他可是愛家的好男人喔。（我是說47歲以後啦。^_^）。

跟華仔說事情，請動之以情，千萬不要說之以理哦。了解了嗎？如果還是不明白，請寫E-mail到出版社諮詢，謝謝。

☆ 親愛的華仔、你在64歲有一個劫數，是大破財哦。

粉絲們、千萬別用拖鞋 K我啦。我只是洩露天機而已，呵呵！

## 賈柏斯--改變世界的先趨者

1955年2月24日

| 大流年 | 本命盤 | 2、6-8/2 |
|---|---|---|
| 轉換點 | 17~18歲 | 26~27歲 |
| 斷言 | ☆進入奧勒岡里德大學,半年後休學。因為父母無法負擔學費。<br><br>☆每周日晚上,走7英里到奎師那寺廟,吃到僅有的美味。而接觸禪宗,影響一生。<br><br>☆認識女友克里斯安,並生下女兒。 | ☆天人交戰後,接受有女兒的事實,並將電腦以女兒名字Lisa命名。 |

| 大流年 | 2、6-8/6 | 1、6-7/6 | 2、2-4/2 |
|---|---|---|---|
| 轉換點 | 35~36歲 | 44~45歲 | 53~54歲 |
| 斷言 | ☆和妻子一見鐘情,隔年結婚。<br><br>☆NeXT皮克斯電腦動畫公司,和狄斯耐合作成功。<br><br>☆美國政府邀任出口委員會顧問。 | ☆首次在租金昂貴的地段,開設專賣店,並大獲成功。<br><br>☆正式將火線技術應用於蘋果電腦上。<br><br>☆與多年合作夥伴adobe決裂。 | ☆罹癌,並嘗試肝臟移植手術。<br><br>☆手術後卻感染肺炎,一度處於死亡邊緣。<br><br>☆休養後,繼續回到Apple公司上班。 |

## 命盤

主星 1　輔星 1、0　隱藏輔星 2、8
雙魚座 1、2、3　生日魔數 6

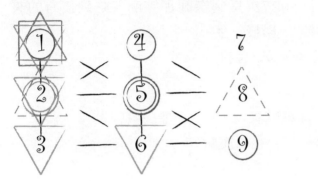

## 賈伯斯--1955年2月24日

### 0 ～ 17歲

命盤主星 1　命盤輔星 1、0　命盤隱藏輔星 2、8
雙魚座 1、2、3　生日魔數 6

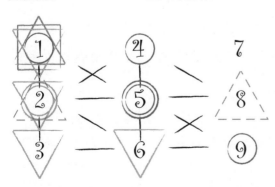

## 第一轉換點：17歲

☆進入奧勒岡里德大學，半年後休學。因為父母無法負擔學費。

☆每周日晚上，走7英里到奎師那寺廟，吃到僅有的美味。而接觸禪宗，影響一生。

☆認識女友克里斯安，並生下女兒。

17~26歲：
命盤主星 1　命盤輔星 1、0　命盤隱藏輔星 2、8
雙魚座 1、2、3　生日魔數 6

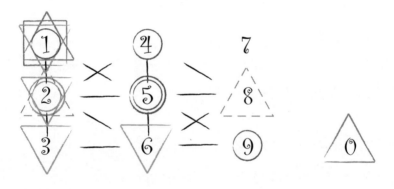

## 第二轉換點：26歲

☆天人交戰後，接受有女兒的事實，並將電腦以女兒名字Lisa命名。

26~35歲：
後天流年主星 8　後天流年輔星 2、6　先天流年數 2

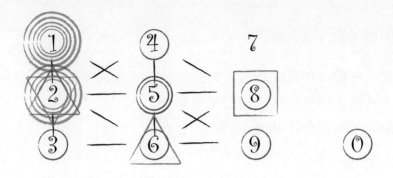

## 第三轉換點：35歲

☆和妻子一見鐘情，隔年結婚。

☆NeXT皮克斯電腦動畫公司，和狄斯耐合作成功。

☆美國政府邀任出口委員會顧問。

35~44歲：

後天流年主星 8　　後天流年輔星 2、6　　先天流年數 6

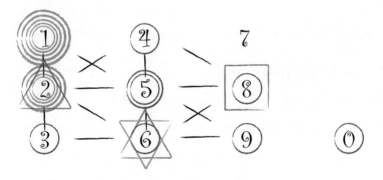

## 第四轉換點：44歲

☆首次在租金昂貴的地段，開設專賣店，並大獲成功。

☆正式將火線技術應用於蘋果電腦上。

☆與多年合作夥伴adobe決裂。

44~53歲：

後天流年主星　7　　後天流年輔星　1、6　　先天流年數　6

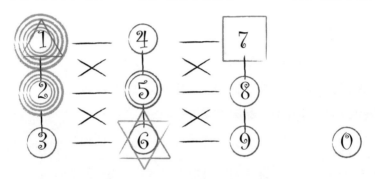

## 第五轉換點：53歲

☆罹癌，並嘗試肝臟移植手術。

☆手術後卻感染肺炎，一度處於死亡邊緣。

☆休養後，繼續回到Apple公司上班。

53~56歲：

後天流年主星　4　　後天流年輔星　2、2　　先天流年數　2

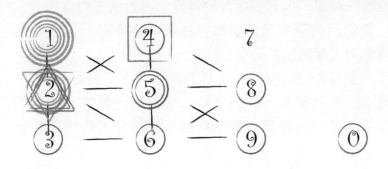

## 賈伯斯論命

賈伯斯的主、輔星是2、8、1、0、1，44歲以前流年都走2、6、8。所以、自小賈伯斯就是個生意仔，難怪他打從16歲、就和同學創立公司，並且協同其他人設計、開發及銷售Apple II系列。

巫婆Q不是說過：2、6、8一定會和別人合夥的，現在對巫婆Q徹頭徹尾服氣了吧。

8數的人，敢衝敢拼、絕不認輸，又有生意頭腦，雖然賈伯斯在30歲時，被迫離開蘋果公司，但是隔年、他馬上眼光精準的收購皮克斯（Pixar），成為玩具總動員的執行製作。並且皮克斯後來被迪士尼公司收購，這又讓賈伯斯大賺一筆。

44~54歲、是賈伯斯最輝煌的時刻，瞧瞧咱們手中的iPod、iPhone、iPad，就可以知道，賈伯斯賺了多少錢。

53歲時、賈伯斯成為全球最具影響力的商人，無奈

賈伯斯的命運、卻有了巨大的轉變，因為他罹患癌症。

賈伯斯的兩次戀情，都是在他的轉換點上。可見英雄難過美人關啊。

主星是1、流年又走4，1和4都是閒不下來的，1是我行我素，唯我獨尊，再加上4－8連線第一名線，6－8是隱忍線，都一再印證、賈伯斯就是堅持要工作到最後一刻。

## 巫婆Q感言：

☆ 優點往往也是致命的缺點。凡事一體多面，賈伯斯如果不是那麼好強，也不會發明iphone，也就因為他那麼好強，所以工作到最後一刻，更因為他的好強，讓他成為鉅富。

☆ 我相信人的命是天生的，但是後天的運，則是自己創造的。所以、我寫了這一本算命書，希望能打破神話，每個人都可以破解自己的命運。 完蛋了、我又洩露天機，哈哈！

# 林憶蓮--清靈空飄的不朽傳奇

1966年4月26日

| 大流年 | 1、2－3／4 | 3、0－3／8 |
|---|---|---|
| 轉換點 | 20~21歲 | 29~30歲 |
| 斷言 | ☆第二張專輯大賣5萬張。<br><br>☆第三張專輯《憶蓮》大賣10萬張。大紅<br><br>☆歌曲被選為全年十大歌曲之一。<br><br>☆和排舞老師相戀。 | ☆和已婚的李宗盛相戀，飽受批評。<br><br>☆專輯《Love、sandy》狂賣400萬張。<br><br>☆加盟滾石唱片<br><br>☆發行多國大碟，成為全年最暢銷專輯。<br><br>☆展開亞洲巡迴演唱會。<br><br>☆新加坡以憶蓮英文命名，是第一位有花卉名字的歌手。 |

| 大流年 | 3、3－6／8 | 2、6－8／4 |
|---|---|---|
| 轉換點 | 38~39歲 | 47~48歲 |
| 斷言 | ☆離婚<br><br>☆展開世界巡迴演唱會<br><br>☆出書《林憶蓮、回味上海》<br><br>☆榮獲第五屆全球歌曲終身大獎<br><br>☆《夜色無邊演唱會》唱響香港紅館，連開四場。<br><br>☆和EMI副總裁相戀。 | ☆宣佈復出<br><br>☆獲得金曲獎 |

## 命盤

主星 7　輔星 3、4

金牛座 2　　生日魔數 8

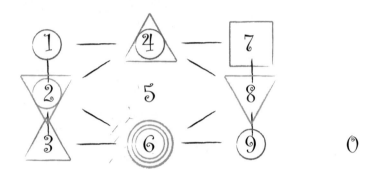

## 林憶蓮--1966年4月26日

## ０～２０歲

命盤主星 7　命盤輔星 3、4

金牛座 2　　生日魔數 8

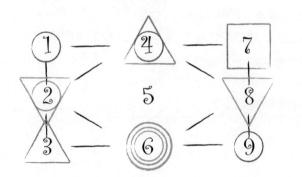

## 第一轉換點：20歲

☆第二張專輯大賣5萬張。

☆第三張專輯《憶蓮》大賣10萬張。大紅

☆歌曲被選為全年十大歌曲之一。

☆和排舞老師相戀。

20~29歲：

後天流年主星 3　　後天流年輔星 1、2　　先天流年數 4

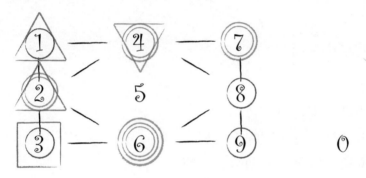

## 第二轉換點：29歲

☆和已婚的李宗盛相戀，飽受批評。

☆專輯《Love、sandy》狂賣400萬張。

☆加盟滾石唱片

☆發行多國大碟，成為全年最暢銷專輯。

☆展開亞洲巡迴演唱會。

☆新加坡以憶蓮英文命名，是第一位有花卉名字的歌手。

29~38歲：
後天流年主星 3　後天流年輔星 3、0　先天流年數 8

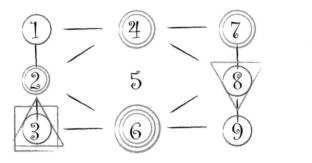

## 第三轉換點：38歲

☆離婚

☆展開世界巡迴演唱會

☆出書《林憶蓮、回味上海》

☆榮獲第五屆全球歌曲終身大獎

☆《夜色無邊演唱會》唱響香港紅館，連開四場。

☆和EMI副總裁相戀。

38~47歲：
後天流年主星 6　後天流年輔星 3、3　先天流年數 8

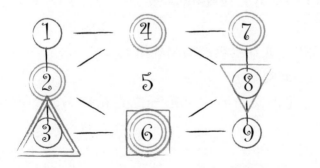

## 47歲

☆宣佈復出

☆獲得金曲獎

47~56歲：
後天流年主星 8　後天流年輔星 2、6　先天流年數 4

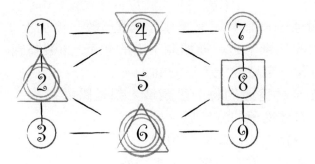

## 56歲之後

命盤主星 7　命盤輔星 3、4　金牛座 2　生日魔數 8

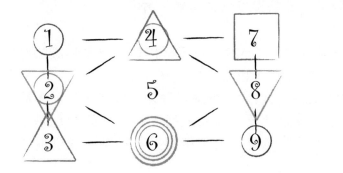

## 林憶蓮論命

「往事不要再提，人生已多風雨……」一陣陣輕輕柔柔、含而不露、婉柔溫轉的歌聲空靈飄盪。沒錯、她就是能歌善舞的頂尖歌手－林憶蓮。

主星7、輔星3、4，絕對是個目標導向，專業級的歌手。

在批林憶蓮的命盤時，光是那麼多的6數，再加上4月出生，我的頭都暈了，心裡揣測不安的想著，6數屬感情波折，林憶蓮一定會愛上不該愛的人。

果不其然，林憶蓮的每一段感情，都是跌跌撞撞、不堪一擊。看看林憶蓮的流年吧！

第一個轉換點：和排舞老師相戀。

第二個轉換點：愛上有婦之夫李宗盛。

第三個轉換點：和李宗盛離婚，卻立刻和EMI副總裁相戀。

「天啊！我的媽咪ㄟ！」林憶蓮妳也太被6數控制了吧。再加上4條副連線，2－4、2－6、4－8、6－8，林憶蓮絕對是，默默承受痛苦的那一方。

命盤和流年都缺少5數，可見林憶蓮不喜歡無謂的應酬社交，這樣的命盤，也被稱為「懶人命」。

林憶蓮收放自如、細膩且鏗鏘的嗓音，自然不修飾的海豚音，時而含蓄、時而激昂，林憶蓮的唱功是眾所推崇的。所以林憶蓮只要稍稍努力一點點，成就就不可一世了。

## 巫婆Q預言：

☆ 47~56歲這十年，林憶蓮將會大放異采，再創歌唱事業高峰，請歌迷拭目以待。

☆ 林憶蓮的感情，依然風風雨雨，飄搖不定，縱然結婚，也難以長久。

☆ 我深深的建議－

林憶蓮把握這個黃金10年，著重在世界巡迴演唱會上，好好賺錢，婚姻請在56歲以後吧。那時才有正緣降臨。

☆ 林憶蓮、聽聽巫婆Q的勸告，原本命盤的妳夠堅強、夠理智，但是、後天流年讓妳，一碰到感情就理智線中斷。所以奉勸林憶蓮，必須要時時提醒自己，不要被命運捉弄。

## 鄧麗君--永遠絕唱的歌神

1953年1月29日

| 大流年 | 本命盤 | 本命盤 |
|---|---|---|
| 轉換點 | 6~7歲 | 15~16歲 |
| 斷言 | ☆在屏東市仙宮戲院，吟唱《飄渺歌》，有位老先生，聆聽許久，他是台北濟眾聲樂學校音樂老師，當晚登門請求教唱歌。 | ☆自金陵女中休學，正式以歌唱為職業。<br><br>☆改名鄧麗君<br><br>☆加盟宇宙唱片公司，推出第一張唱片，演出第一部電影。<br><br>☆演唱首檔連續劇"晶晶"主題曲<br>☆主持中視每日一星<br><br>☆應新加坡邀請，首度出國做慈善義演。<br><br>☆在新加坡被軍情局召集，加入安全局第三處的特工。 |

| 大流年 | 1、2-3／1 | 1、1-2／2 | |
|---|---|---|---|
| 轉換點 | 24~25歲 | 33~34歲 | 42歲 |
| 斷言 | ☆在印尼演出時，該國移民局局長，贈送一本印尼護照，隔年爆發、假護照事件。<br>☆事業正處巔峰的她，是一次沉重打擊，所以前往美國一段很長的時間。<br>☆成為香港第一屆金唱片得主。<br>☆獲香港第三屆金唱片獎<br>☆在日本獲正頑張中賞<br>☆在日本共發行8張大唱片，12張小唱片。 | ☆單曲《我只在乎你》蟬聯日本有線電視大賞。<br>☆再度以大熱門入選紅白歌合戰。<br>☆穿梭世界各地，處半退休狀態。<br>☆其後長時間定居巴黎，而認識男友保羅。<br>☆獲選美國時代雜誌七大世界歌星 | ☆在泰國與世長辭<br>☆隔年香港嘉利大樓失火，燒毀鄧麗君原聲母帶。 |

## 命盤

主星 3　輔星 3、0

水瓶座 1、1、2　生日魔數 2

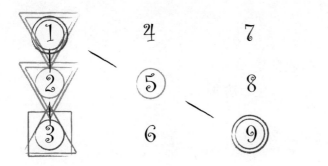

## 鄧麗君--1953年1月29日

### ０～６歲

命盤主星 3　命盤輔星 3、0

水瓶座 1、1、2　生日魔數 2

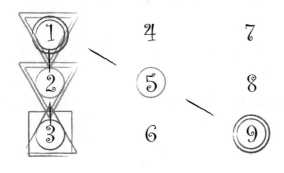

## 第一轉換點：6歲

☆在屏東市仙宮戲院，吟唱《飄渺歌》，有位老先生，聆聽許久，他是台北濟眾聲樂學校音樂老師，當晚登門請求教唱歌。

6~15歲：
命盤主星 3　命盤輔星 3、0
水瓶座 1、1、2　　生日魔數 2

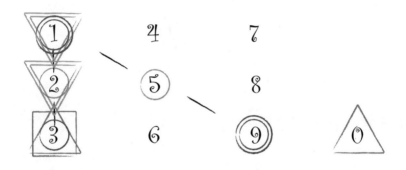

## 第二轉換點：15歲

☆自金陵女中休學，正式以歌唱為職業。

☆改名鄧麗君

☆加盟宇宙唱片公司，推出第一張唱片，演出第一部電影。

☆演唱首檔連續劇"晶晶"主題曲

☆主持中視每日一星

☆應新加坡邀請，首度出國做慈善義演。

☆在新加坡被軍情局召集，加入安全局第三處的特工。

15~24歲：
命盤主星 3 命盤輔星 3、0
水瓶座 1、1、2 生日魔數 2

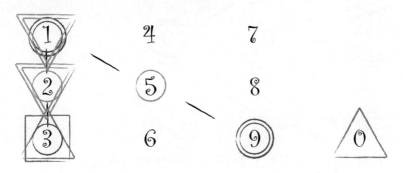

## 第三轉換點：２４歲

☆在印尼演出時，該國移民局局長，贈送一本印尼護
照，隔年爆發、假護照事件。
☆事業正處巔峰的她，是一次沉重打擊，所以前往美國
一段很長的時間。
☆成為香港第一屆金唱片得主。
☆獲香港第三屆金唱片獎
☆在日本獲正頑張中賞
☆在日本共發行8張大唱片，12張小唱片。

24~33歲：
後天流年主星 3 後天流年輔星 1、2 先天流年數 1

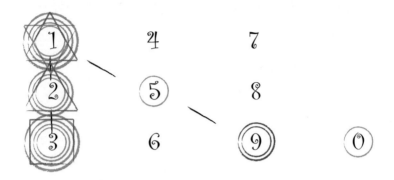

## 第四轉換點：３３歲

☆單曲《我只在乎你》蟬聯日本有線電視大賞。

☆再度以大熱門入選紅白歌合戰。

☆穿梭世界各地，處半退休狀態。

☆其後長時間定居巴黎，而認識男友保羅。

☆獲選美國時代雜誌七大世界歌星

３３~４２歲：

後天流年主星 ２ 後天流年輔星 １、１ 先天流年數 ２

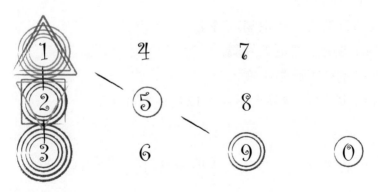

## 第五轉換點：42歲

☆在泰國與世長辭
☆隔年香港嘉利大樓失火，燒毀鄧麗君原聲母帶。

## 鄧麗君論命

她……是我的偶像－歌神鄧麗君。

每每心情低落時，只要聽到這位聲音甜美圓潤，宛如天籟般的歌聲，我的心就如止水，寧靜安詳。

鄧麗君的歌聲，有一種巧奪天工、渾然天成的優美，好比涓涓溪流、緩緩滌盪心扉，在腦海裡，繞樑三日、不絕於耳。

靜靜地看著偶像的命盤，驟然一驚，她的命盤和流年，竟然與眾不同，只有1、2、3，這3個數字。

我輕嘆一聲，鄧麗君果然是「仙人下凡、自有天命」。

3數、是風華絕代的藝人命，絕大多數藝人，都有強烈的3數。

鄧麗君一生，只有3件事：

1. 歌唱－－數字3。
2. 愛家、愛國－－數字2。
3. 獨立、堅強－－數字1。
簡簡單單、乾乾淨淨、清清白白。

鄧麗君的流年、更是絕妙。從出生到仙逝，完全由神在主導、掌控。

第一轉換點（6歲）： 巧遇啟蒙恩師。

第二轉換點（15~16歲）：國中休學，以唱歌為業。

第三轉換點（24~25歲）：歌唱事業正處於頂峰，在東南亞各地大紅大紫之際，卻發生驚天動地的假護照風波。

第四轉換點（33~34歲）：宣佈半退休，爾後定居巴黎，結識男友保羅。

第五轉換點（42歲）：驟然仙逝，舉世震驚。

鄧麗君的一顰一笑，她那優雅細膩的內涵，清亮有力的歌聲，前無古人、後無來者。

鄧麗君、永遠的絕唱！

## 巫婆Q感言：

☆ 人生本無常，萬般皆是命，半點不由人啊！

☆ 命盤簡單的人，個性單純，他們想做的事情，我們擋也擋不住，他們不願意做的事情，十條牛去拉，也拉不動。

☆ 我原本是很鐵齒的，根本就不相信命運。你們不信。問問我老公啊！哈哈、他一定會說：「她是巫婆耶！你們敢說不信，小心她施魔法。」可是研究命理風水二十多年，神讓我越來越信，還出了書。

我相信，命運的長度是不能改變的，命運的寬度、人生的精彩度是可以修正的，只要理解命運軌跡，就可以逢凶化吉、修善造福。

# 張清芳--歌聲高亢的東方不敗

1966年8月31日

| 大流年 | 1、2－3 / 8 | 2、6－8 / 4 |
|---|---|---|
| 轉換點 | 20~21歲 | 29~30歲 |
| 斷言 | ☆專科畢業<br><br>☆《激情過後》、《我還年輕》等五張專輯，每張銷量均10~30萬張以上。<br><br>☆稱為、四大天后之首<br><br>☆接著出版首張台語老歌專輯。<br><br>☆舉辦個人大型售票演唱會，場場爆滿，創下最多觀眾紀錄。 | ☆事業頂峰<br><br>☆《大雨的夜裡》勇奪金曲龍虎榜第一名。<br><br>☆首張台語專輯《無人熟識》，50萬張超高銷量，至今無人能破。<br><br>☆首例赴倫敦，與EMI簽約，創登上國際媒體紀錄。<br><br>☆第一本自傳性書籍《紅色張清芳》<br><br>☆舉辦演唱會，往後10年勤作公益。 |

| 大流年 | 1、1－2 / 4 | 3、0－3 / 4 |
|---|---|---|
| 轉換點 | 38~39歲 | 47~48歲 |
| 斷言 | ☆結婚、生子。<br>☆淡出螢幕，定居香港。 | ☆參加金鐘獎，並擔任表演嘉賓。 |

## 命盤

主星 7　輔星 3、4

處女座 6　生日魔數 4

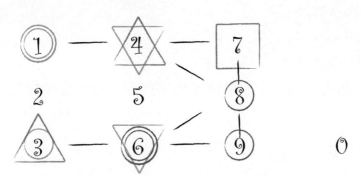

### 張清芳--1966年8月31日

## 0～20歲

命盤主星 7　　　　命盤輔星 3、4

處女座 6　　　　生日魔數 4

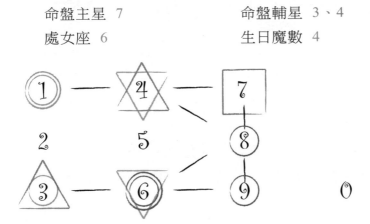

## 第一轉換點：２０歲

☆專科畢業

☆《激情過後》、《我還年輕》等五張專輯，每張銷量均10~30萬張以上。

☆稱為、四大天后之首

☆接著出版首張台語老歌專輯。

☆舉辦個人大型售票演唱會，場場爆滿，創下最多觀眾紀錄。

２０~２９歲：

後天流年主星 3　　後天流年輔星 1、2　　先天流年數 8

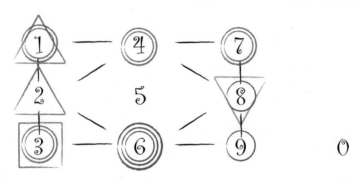

## 第二轉換點：２９歲

☆事業頂峰

☆《大雨的夜裡》勇奪金曲龍虎榜第一名。

☆首張台語專輯《無人熟識》，50萬張超高銷量，至今無人能破。

☆首例赴倫敦，與EMI簽約，創登上國際媒體紀錄。

☆第一本自傳性書籍《紅色張清芳》

☆舉辦演唱會，往後10年勤作公益。

29~38歲：
後天流年主星 8　後天流年輔星 2、6　先天流年數 4

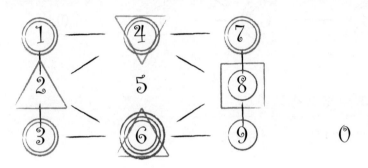

## 第三轉換點：38歲

☆結婚、生子。

☆淡出螢幕，定居香港。

38~47歲：
後天流年主星 2　後天流年輔星 1、1　先天流年數 4

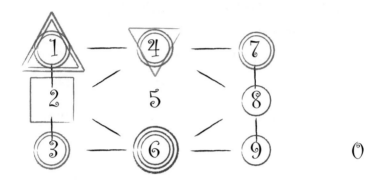

## 第四轉換點：４７歲

☆參加金鐘獎，並擔任表演嘉賓。

47~56歲：

後天流年主星 3　後天流年輔星 3、0　先天流年數 4

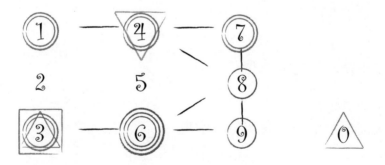

## 第五轉換點：５６歲

５６歲之後：

命盤主星　7　　命盤輔星　3、4

處女座　6　　　生日魔數　4

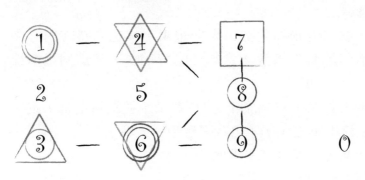

## 張清芳論命

又是一個經典命盤，誰再說，不相信有命運的，誰？是誰？！呵呵！——快快瞧瞧東方不敗、張清芳。

粉絲們已經非常明瞭，如果主、輔星是3、4－7，個性就是認真執著，並且自我要求高標準的專業素養。這對歌聲清亮，每張專輯銷售成績均亮眼的阿芳來說，巫婆Q再次強調，3、4－7是那種誓死達成目標的典型人

物。

20~29歲，藝人之星1、2、3出現，外帶先天流年8數，絕對大紅大紫之命是也。

29~38歲、流年改走2、6－8/ 4，阿芳開始用大格局的思維來經營演藝之路，所以轉型－主持，朝向全方位藝人發展，。

正當阿芳賺進大把、大把銀兩，卻也同時在內心深處，悄悄地萌生倦意，尤其是感情，唉、又是個感情線2、6－8/ 4當頭。

果不其然、39歲流年走2－閃婚，並退隱螢幕，定居香港長達十年之久。（自我得意中－太準了）

嘿嘿！上天自有安排地。

阿芳47~56歲，流年走3、0－3/ 4，阿芳宣佈參加金鐘獎頒獎典禮，並擔任表演嘉賓。

這、又是巫婆Q早就料中的。（屁股再度翹起－－超崇拜自己說。）

## 巫婆Q預言：

☆ 流年走31的阿芳，一定會三不五時，找機會、說理由，出來和熱愛她的粉絲們亮亮相、唱唱歌、過過癮，因為表演慾望強烈的3數，跑出來了。粉絲和我都有福啦，阿芳的老公又要吃味囉。

☆ 粉絲們請放寬心，4數是智多星，鬼靈精怪的功力可是一流，阿芳絕對有能力，搞定她那位、不希望她出來的老公滴。阿芳、加油，巫婆Q會偷偷幫妳施展魔法，呵呵！

☆ 這是復出的意思嘛？！ 錯！阿芳是不會正式復出的，她是純粹玩玩而已啦。3數是遊戲人間的數字啊。阿芳老公也請放下心唄。

☆ 30歲之後，阿芳一定有買房子，不用多問，結婚後，老公買的房子，一定是阿芳的名字啦。蛤？我怎麼知道的？4數這麼強烈，想當然爾，阿芳要的是有安全感的房子和現金囉。

糟糕了！阿~芳~我……說出妳的秘密了嗎？！？不要生氣喔！

☆56歲時、阿芳的人生，將有一個重大轉變，在於她老公的健康問題，所以請阿芳多多注意這個變動。

☆56歲以後，阿芳將深居簡出，享受一個人寧靜的生活。

## 伊能靜--迷樣的美麗教主

1969年3月4日

| 大流年 | 3、4－7／3 | 1、1－2／4 |
|---|---|---|
| 轉換點 | 22~23歲 | 31~32歲 |
| 斷言 | ☆飛鷹三珠解散<br>☆遠赴香港發展 | ☆結婚、生子<br>☆著作《生死遺言》，連續22周第一名，全球狂銷60萬本。 |

| 大流年 | 7、2－9／4 | 1、0－1／7 |
|---|---|---|
| 轉換點 | 40~41歲 | 49~50歲 |
| 斷言 | ☆離婚<br>☆成為《中國達人秀》評審，紅遍兩岸三地。 | 斷言：☆自創公司，當老板<br>☆再次離婚 |

## 命盤

主星 5　輔星 3、2

雙魚座 1、2、3　　生日魔數 4

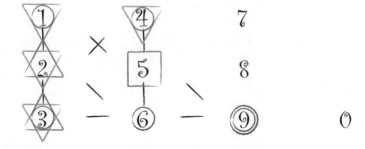

# 伊能靜--1969年3月4日

## 0～22歲

命盤主星 5　命盤輔星 3、2
雙魚座 1、2、3　　生日魔數 4

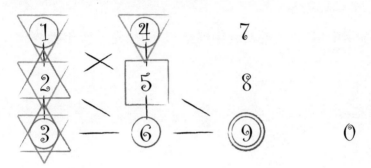

## 第一轉換點：22歲

☆飛鷹三珠解散

☆遠赴香港發展

22～31歲：
後天流年主星 7　後天流年輔星 3、4　先天流年數 3

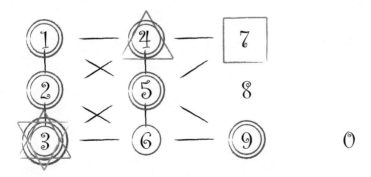

## 第二轉換點：３１歲

☆結婚、生子

☆著作《生死遺言》，連續22周第一名，全球狂銷60萬本。

３１～４０歲：

後天流年主星　２　　後天流年輔星　１、１　　先天流年數　４

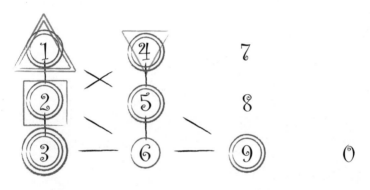

## 第三轉換點：４０歲

☆離婚

☆成為《中國達人秀》評審，紅遍兩岸三地。

４０～４９歲：

後天流年主星　９　　後天流年輔星　７、２　　先天流年數　４

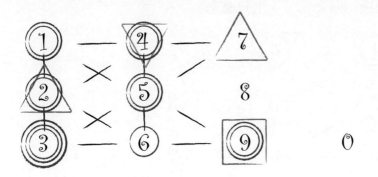

## 第四轉換點：49歲

49～58歲：
後天流年主星　1　　後天流年輔星　1、0　　先天流年數　7

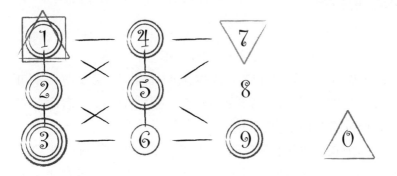

## 第五轉換點：58歲

58歲之後：
命盤主星　5　命盤輔星　3、2

雙魚座 1、2、3　　生日魔數 4

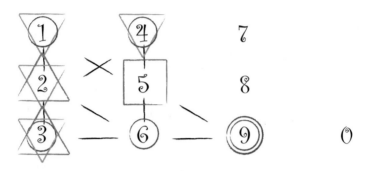

## 伊能靜論命

「5」數是「驛馬星」，屬「水」，善變。

主輔星3、2－5的才女伊能靜，從小身世坎坷、顛沛流離，在破碎窮困的家庭中成長。顯然是5數的宿命，但也是先苦後甘的晚運命格。

出道後、同時在台灣、香港、日本、中國大陸各地奔波。「5」數屬遠方財，伊能靜可在異鄉賺到大錢，而且跑的越勤、賺的越多。

如果恰逢大流年的3、4－7，又時逢小流年8，形成7－8－9的貴人線，1－4－7的目標線，加上1－5－9的努力線，三線合一，勢如破竹，必定功成名就、名利雙收。

　　這個三線合一的財富線，在書中已經很多人印證了。

　　第一個轉換點是22~23歲，流年走3、4－7／3，由劉文正帶領的「飛鷹三珠」，宣佈解散。單飛後的伊能靜，憑藉著記錄自己童年「流浪的小孩」，這首歌讓她的歌唱事業達到高峰，並同步前往香港發展。

　　31歲前、命中主孤寂，漂流不定，缺乏安全感。加上1－2－3連線、多愁善感、情感豐富。

　　1－2－3連線也主才華洋溢、聰敏好學。

　　第二個轉換點是31~32歲，流年走1、1－2／4，伊能靜在當紅之際，深受流年主星2的強烈影響，和相戀14年的庚澄慶結婚。伊能靜的著作「生死遺言」，連續22周，居排行榜第一名，全球狂銷60萬本，隔年赴美產子。

　　39歲時、小流年逢「8」，伊能靜創辦電影工作室「童夢時代」。

　　第三個轉換點是40~41歲，流年走7、2－9／4，40歲的伊能靜突然宣佈「離婚」。隔年成為大陸當紅節目「中國達人秀」的評審，再度紅遍兩岸三地。

　　流年主星「9」，伊能靜將致力慈善，公益，「9」數也喜歡仗義執言、容易引發紛爭。

## <u>巫婆Q預言：</u>

☆ 伊能靜和庾澄慶，不會復合。哇！太勁爆了。我只是以命論命喔，沒有別的意思喔，伊能靜我也是妳的粉絲啦，可是、命中、妳的婚姻就、是、不怎麼～～～～～～～～～～～，唉、咱們賺錢就好。

☆ 因為流年走4，伊能靜在31~40歲這時期，一定有在大陸置產。

☆ 50歲之後，伊能靜將走向幕後，成為掌管權勢的女強人。看不出來唄，這麼個外表溫柔的小女人，卻有超乎一般人的堅強意志。

☆ 伊能靜將定居大陸，憑藉著高超的社交手腕，建立絕佳人脈，讓她名利雙收。好耶、名利可是雙收耶，請客、伊能靜請客。我等著呦……

☆ 伊能靜會再婚，但是婚姻短暫，並且不美滿。斷言50歲再度離婚。

☆ 凡事有得有失，聽聽 巫婆Q的，婚姻別強求。反正妳身旁的追求者，一直都沒有間斷過。

　糟糕、我又洩秘了。

## 吳淡如--理財一流的才女作家

### 1964年11月22日

| 大流年 | 2、4－6／2 | 2、4－6／4 |
|---|---|---|
| 轉換點 | 19~20歲 | 28~29歲 |
| 斷言 | ☆第一次結婚，隔年離婚<br>☆出版第一本小說 | ☆走出小弟自殺陰霾<br>☆認識老公simon |

| 大流年 | 1、2－3／4 | 2、2－4／2 |
|---|---|---|
| 轉換點 | 37~38歲 | 46~47歲 |
| 斷言 | ☆再度結婚 | ☆到宜蘭置產，開餐廳、民宿，剖腹早產，生下女兒小熊<br>☆在新加坡、日本東京、上海等地購買不動產。<br>☆宜蘭燒烤餐廳，因停車糾紛，被迫結束營業。 |

## 命盤

主星 8　輔星 2、6

天蠍座 8　生日魔數 4

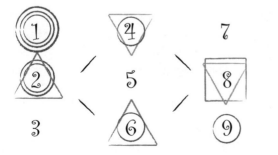

# 吳淡如--1964年11月22日

## 0～19歲

命盤主星 8　命盤輔星 2、6

天蠍座 8　　生日魔數 4

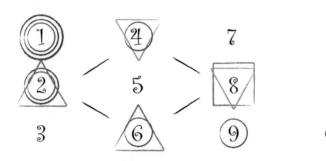

## 第一轉換點：19歲

☆第一次結婚，隔年離婚

　☆出版第一本小說

19～28歲：

後天流年主星 6　後天流年輔星 2、4　先天流年數 2

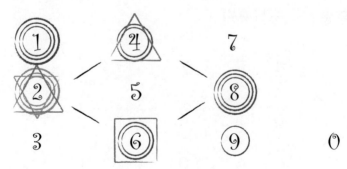

## 第二轉換點：２８歲

☆走出小弟自殺陰霾

☆認識老公simon

２８～３７歲：

後天流年主星　6　　後天流年輔星　2、4　　先天流年數　4

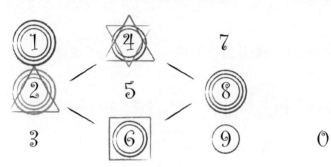

## 第三轉換點：３７歲

☆再度結婚

３７～４６歲：

後天流年主星　3　　後天流年輔星　1、2　　先天流年數　4

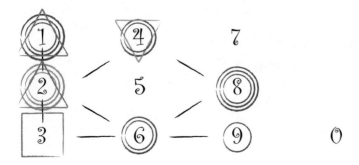

## 第四轉換點：４６歲

☆到宜蘭置產，開餐廳、民宿，剖腹早產，生下女兒小熊

☆在新加坡、日本東京、上海等地購買不動產。

☆宜蘭燒烤餐廳，因停車糾紛，被迫結束營業。

46～55歲：
後天流年主星 4　後天流年輔星 2、2　先天流年數 2

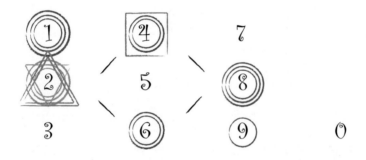

## 第五轉換點：５５歲

☆斷言：轉型從商。

55歲之後
命盤主星 8　命盤輔星 2、6
天蠍座 8　　生日魔數 4

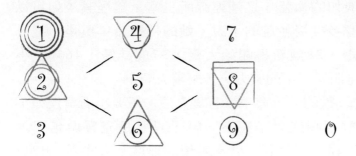

## 吳淡如論命

吳淡如是極少數，沒有主連線的命格，一生當中，都受到2、4、6、8，的雙數所影響。

算了吳淡如的八字，真把我嚇一跳，和媒體寫的，怎麼差距那麼大。

我會狂熱西洋八字，也就是這個原因，探討自己，理解別人。我們的生日、就是神的密碼，很多人，連自己都不甚了解，更何況是旁人，尤其是每天相處的老公和小孩，真的了解他們嗎？而且表面個性和淺意識是二碼子事喔，不要被外表的假象所矇蔽了。

我也是因為精研西洋八字後、才開始理解家人，進而包容。尤其是轉換流年，就是非要等到那一年，他才會想通，真是莫法度啊。當我明白後，心情就豁然開朗，大笑三聲，對著上天喊著：我就等你等到那一年吧。

　　吳淡如的命盤、是輔連線所主宰，難怪吳淡如可以寫出那麼多文情並茂的小說。她的轉換流年更是一絕，精準到爆，28歲新書開始大賣，37歲結婚，46歲生小孩。可見西洋八字的威力，多麼驚人啊！

　　主星8數的人，命中就有貴人運。不要小看吳淡如，她的理財頭腦絕對是獨樹一幟，只要是充分做足了功課，錢滾錢，利生利，財富累積的速度令人咋舌。22日出生的她，投資房地產完全正確，安全感對於吳淡如來說，是生命中很重要的一環。吳淡如喜歡穩紮穩打的房產，而不喜歡投機取巧的理財、一生帶有房產命。

　　吳淡如喜歡呼朋引伴一起投資，她享受很多人在一起的歡愉氣氛。48連線是模範生線，所以自小，吳淡如就是好學生，台大學士、碩士畢業，而且只要是吳淡如下決心要做的事，她那份執傲、一意孤行的拗勁，十頭牛都攔不住。

　　37~46歲，吳淡如在主持界發光發熱，名利雙收。我斷言、吳淡如絕不會離婚。提醒心思細膩的吳淡如，對於微小細節，都要求120分的超高標準，所以腦神經容易衰弱。

## 巫婆Q預言：

☆ 愛家的吳淡如，是不會輕言離婚的，尤其是50歲以後，凡事都會以家庭的考量為出發點。

☆ 那是說吳淡如會完全拋棄事業，全心進入家庭嗎？更是大錯特錯。吳淡如有充份的智慧在家庭、事業、老公、朋友之間周旋，她善用時間和人脈，這項專長可是別人學不來的。

☆ 吳淡如的老公，巫婆Q偷偷跟你說說，你要記住喔。給吳淡如空間和信任，這就夠了。54歲以後、你那優秀的老婆吳淡如，還會有一個更震驚的大決定勒。55歲開始，吳淡如的事業版圖會擴展到海外開公司喔。

☆ 吳淡如小姐、雖然妳的賺錢能力和速度，是人中之鳳，無人能敵，但是請妳照顧好自己的身體。眼睛、肝腎臟、腦神經和婦科毛病，請多多留意。

☆ 55~56歲有一大關卡，不怕的、你會渡過的，這個挫折也是讓妳更有鬥志的禮物。加油！對妳有信心。

## 庾澄慶--音樂頑童的創作之王

1961年7月28日

| 大流年 | 1、7－8/7 | 2、7－9/1 | 1、7－8/1 |
|---|---|---|---|
| 轉換點 | 20~21歲 | 29~30歲 | 38~39歲 |
| 斷言 |  | ☆舉行第一個戶外大型演唱會，吸引數萬名觀眾。<br><br>☆獲香港金曲，最有前途新人獎，是台灣唯一得獎者。<br><br>☆每張專輯銷量均破30萬張<br><br>☆台灣第一個和國際知名樂團TOTO合作出唱片。 | ☆結婚<br><br>☆獲金鐘獎主持人獎《超級星期天》<br><br>☆連續三天演唱會，湧進數以萬計歌迷。<br><br>☆發行電影專輯<br><br>☆海外演唱會 |

| 大流年 | 2、4－6/8 | 本命盤 |
|---|---|---|
| 轉換點 | 47~48歲 | 56~57歲 |
| 斷言 | ☆伊能靜牽手照，引發離婚<br><br>☆世界巡迴演唱會開唱<br><br>☆《Lady's night》26張專輯，300首作品，5000萬張銷量，創造哈林盛世。<br><br>☆再次加盟福茂唱片 | 斷言：<br>☆閃婚，對象是一個名不見經傳的小模。 |

## 命盤

主星 7 　輔星 3、4

獅子座 5 　生日魔數 1

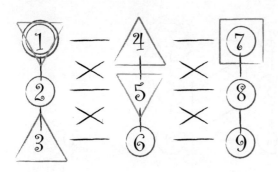

## 庾澄慶--1961年7月28日

### 0～20歲

命盤主星 7 　命盤輔星 3、4

獅子座 5 　　生日魔數 1

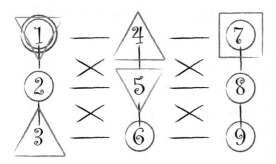

## 第一轉換點：２０歲

20～29歲：
後天流年主星 8　後天流年輔星 1、7　先天流年數 7

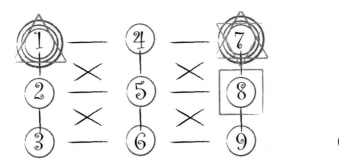

## 第二轉換點：２９歲

☆舉行第一個戶外大型演唱會，吸引數萬名觀眾。
☆獲香港金曲，最有前途新人獎，是台灣唯一得獎者。
☆每張專輯銷量均破30萬張。
☆台灣第一個和國際知名樂團TOTO合作出唱片。

29～38歲：
後天流年主星 9　後天流年輔星 2、7　先天流年數 1

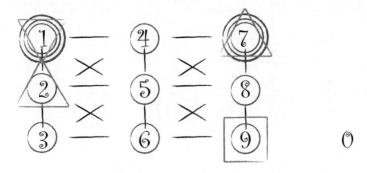

## 第三轉換點：３８歲

☆結婚

☆獲金鐘獎主持人獎《超級星期天》。

☆連續三天演唱會，湧進數以萬計歌迷。

☆發行電影專輯。

☆海外演唱會。

38～47歲：

後天流年主星 8　後天流年輔星 1、7　先天流年數 1

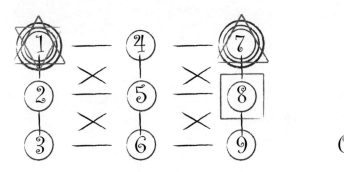

## 第四轉換點：47歲

☆因伊能靜牽手照，引發離婚

☆世界巡迴演唱會開唱

☆《Lady's night》26張專輯，300首作品，5000萬張銷量，創造哈林盛世。

☆再次加盟福茂唱片

47～56歲：

後天流年主星 6　　後天流年輔星 2、4　　先天流年數 8

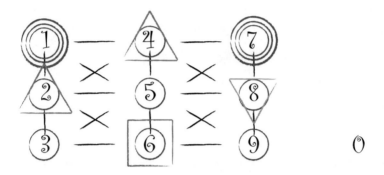

## 第五轉換點：56歲

56歲之後：

命盤主星 7　命盤輔星 3、4

獅子座 5　　生日魔數 1

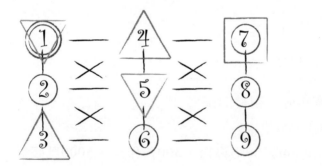

## 庾澄慶論命

外表和內在，有時是不相同的，這次又在哈林庾澄慶的命盤中應證。

我一直以為哈林，是個浪漫性感、處處留情、遊戲人間的頑皮小孩。直到看了命盤，著實嚇一大跳，哈林竟然是個非常理智，鎖定目標、執行到底，拘束嚴謹的好先生、好爸爸。

而且他的組織能力很強，心思又細膩，敏感銳利，努力不懈，難怪作曲、編曲、演奏、制作、演唱全部都是自己一手包辦，真是個神童型的全能歌手。

最重要的是、哈林人緣超好，貴人運又強，看看哈林的流年，全部都是7－8－9賺錢黃金線啊！

7數在感情方面、是屬於被動、執著、又難以溝通。哈林只相信自己的專業和直覺，凡事穩紮穩打，一步一腳印。所以、聽不到哈林有啥亂七八糟的誹聞八卦。

非常有趣的地方是，哈林和伊能靜2人的結婚和離婚，全部都是在2人的轉換點上，絲毫不差。可見得他們倆的累世姻緣極深，這一世的這段婚姻，對他們倆影響很深、很大哦。

可惜、緣盡人散、緣滅人離，我敢肯定的說，離婚對哈林是一個非常重的打擊與傷痛。

4數的人，都是自己躲起來傷心流淚，甚至老婆伊能靜被拍到親密照片，哈林也絕對不會口出惡言，4數只會默默離開，自我療癒，並且低調離婚，獨自一人過生活。

## 巫婆Q預言：

☆ 哈林的投資理財運超強，尤其是房地產，眼光精準，而且都買在精華地段，獲利翻倍。羨慕啊！哈林、我都流口水了。

☆ 54歲當心愛上不該愛的人哦！唉、你和伊能靜晚年的感情，怎麼都是碰到不對的人，你們倆個又不可能復合，尤其是你、哈林，牛脾氣一個，刀子口、豆腐心。

準吧！哈林！7數的哈林，自尊心強，就算心服口服，也還是會露出不屑的模樣來掩飾內心的想法。

☆ 57歲、注意破財哦！

☆ 哈林一定會再婚，但是我很擔心這段婚姻，因為哈林完全感情用事，不理智的亂亂婚，臨老入花叢、小心被利用耶。

☆ 呼籲一生都謹慎的哈林，晚年千萬不要和朋友有金錢往來喔，會賠了夫人又折兵的。

☆ 哈林你從57歲開始，改走副業運，也就是說，你除了正業之外，也會和朋友合夥副業。但是、有成有敗喔。

☆56歲時、閃婚，對象是一個名不見經傳的小模。

☆65歲時、庾澄慶將退居幕後，專心音樂的製作。

# 吳宗憲--超級印鈔機的本土天王

1962年9月26日

| 大流年 | 1、7－8／9 | 2、6－8／8 |
|---|---|---|
| 轉換點 | 19~20歲 | 28~29歲 |
| 斷言 | ☆與蘇芮參加五燈獎，衛冕至四度三關，因服兵役而放棄。<br><br>☆這是進入演藝圈的起點 | ☆結婚，育有三女一子<br><br>☆專輯”七夕雨”入圍金曲獎最佳男演唱獎。<br><br>☆憑藉獨特主持風格，迅速竄紅。 |

| 大流年 | 1、6－7／8 | 2、7－9／9 | 本命盤 |
|---|---|---|---|
| 轉換點 | 37~38歲 | 46~47歲 | 55~56歲 |
| 斷言 | ☆41~47歲每年收入居主持人榜首。<br><br>☆往後10年是事業巔峰<br><br>☆公開陳孝萱的戀情<br><br>☆媒體驚爆早已結婚生子，隔年與妻子正式註冊。<br><br>☆旗下周杰倫、方文山，獲樂團多項紀錄。 | ☆身價上億、腰纏萬貫<br><br>☆當選上市公司董事長<br><br>☆3月在北京宣佈、全面退出演藝圈<br><br>☆7月1日宣佈復出<br><br>☆12月請辭董事長，上任僅168天。<br><br>☆獲金鐘獎最佳主持人獎 | 斷言：<br>☆將東山再起，風雲湧現。<br><br>☆轉型經營科技產業。 |

## 命盤

主星 8　輔星 3、5

天秤座 7　生日魔數 8

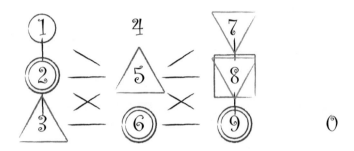

## 吳宗憲--1962年9月26日

## 0～19歲

命盤主星 8　　　命盤輔星 3、5

天秤座 7　生日魔數 8

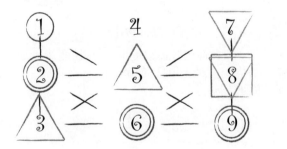

## 第一轉換點：19歲

☆與蘇芮參加五燈獎，衛冕至四度三關，因服兵役而放棄。

☆這是進入演藝圈的起點

19～28歲：

後天流年主星 8　　後天流年輔星 1、7　　先天流年數 9

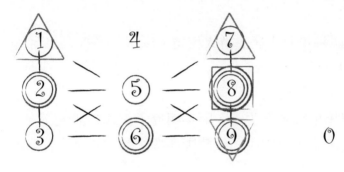

## 第二轉換點：28歲

☆結婚，育有三女一子

☆專輯 " 七夕雨 " 入圍金曲獎最佳男演唱獎。

☆憑藉獨特主持風格，迅速竄紅。

28～37歲：

後天流年主星 8　　後天流年輔星 2、6　　先天流年數 8

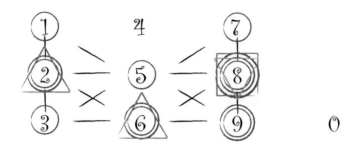

## 第三轉換點：37歲

☆41~47歲每年收入居主持人榜首。

☆往後10年是事業巔峰

☆公開陳孝萱的戀情

☆媒體驚爆早已結婚生子，隔年與妻子正式註冊。

☆旗下周杰倫、方文山，獲樂團多項紀錄。

37~46歲：

後天流年主星　7　　後天流年輔星　1、6　　先天流年數　8

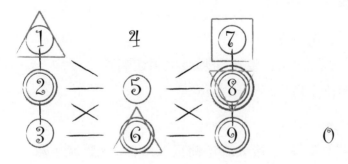

## 第四轉換點：46歲

☆身價上億、腰纏萬貫
☆當選上市公司董事長
☆3月在北京宣佈、全面退出演藝圈
☆7月1日宣佈復出
☆12月請辭董事長，上任僅168天。
☆獲金鐘獎最佳主持人獎

46～55歲：
後天流年主星 9　　後天流年輔星 2、7　　先天流年數 9

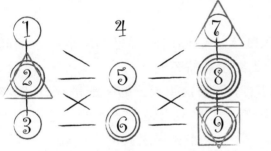

## 第五轉換點：55歲

☆將東山再起，風雲在現。
☆轉型經營科技產業。

55歲之後：
命盤主星 8　　　　命盤輔星 3、5
天秤座 7　　生日魔數 8

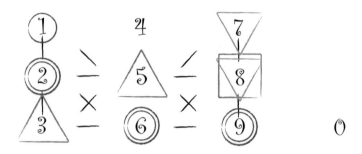

## 吳宗憲論命

「ㄚ哈！見鬼啦！」這個口頭禪是機敏滑頭、嘴賤愛亂講話的綜藝天王吳宗憲特有的。

真是有夠玄的說，怎麼管叫天王的，都是8咧。應該顛倒過來講：有8數的，都是立志要當天王的。他們的致理名言：寧可輝煌一時，也不願平淡於世。

吳宗憲在27歲之前，流年走1、7－8/9，難怪拒絕家裡的經濟資助，租了間頂樓加蓋簡陋的房子。吳宗憲就這麼一點一滴打拼出自己的江山來。1堅強的意志力＋7的專業能力＋8貴人提拔＋努力不懈，吳宗憲從28歲開始，憑藉著獨特的主持風格，迅速竄紅，收視率更是居高不下。

37、38歲、還很臭屁的自封為”本土天王”，（8的自大、完全展現）。從37~46歲，常年高居台灣主持人收入榜首，穩坐天王寶座，”日進斗金、財源滾滾”、真

是一點也不為過。

　　果然、不出本巫婆所料，46~47歲流年來個大轉變、2、7－9/9，吳宗憲自以為將有驚天動地、光宗耀祖的大事業降臨。竟然、驚世駭俗的宣佈：全面退出演藝圈，全心經營LED。嘿嘿！吳宗憲又改寫了金氏記錄、全世界最短命的上市公司董事長出現了－－168天的董事長。

　　吳宗憲果然機智又幽默的回答：我6月30號宣佈退出，7月1號復出啊。真是堪稱一絕。這也是9數的可愛之處，”直白”的令人傻眼，卻只能摸摸鼻子、會心一笑。

　　近幾年、吳宗憲好像星途不順、財運不佳，不過、我斷言：安啦！人緣線、智慧線、貴人線，三線合一的加持下，賺錢－易如反掌。這麼小小破財、微微低潮，沒啥大問題滴。吳宗憲可是”東山再起、風雲立現”的英雄命是也！

## 巫婆Q預言：

☆48歲以後，吳宗憲過去30年累積的人脈，會是他往後最重要的資產。

☆歷經隱瞞婚姻、誹聞不斷等等，無數大大小小風波，評價兩極的吳宗憲，將會在56歲以後，以公益、慈善為出發，建立社會的優良榜樣，並轉型經營科技產業。

☆命中注定、既愛江山、更愛美人，憲哥哥到底是你需要情感的滋潤，還是女孩們需要你的滋潤啊。

你的這一生真是，人生不風流、枉走這一回，對吧。我的命理功力可是和你的主持功力，不相上下呦！你是一本土天王，我是神算女巫。

☆親愛的憲哥哥、聽聽巫婆Q妹妹的一句話：保守些、穩紮穩打些、切勿好高騖遠哦！一生缺乏4數的你，人生課題就是學會保護自己、不受傷害。

『成也朋友、敗也朋友』。明白嗎？！

☆64歲以後將退出演藝圈。

## 李敖--特立獨行的狂人

1935年4月25日

| 大流年 | 1、1-2/4 | 2、5-7/7 | 2、7-9/7 |
|---|---|---|---|
| 轉換點 | 25~26歲 | 34~35歲 | 43~44歲 |
| 斷言 | ☆在文星雜誌，力主西化，掀起文化論戰，成為名人。<br>☆為文星鐵三角<br>☆第一本書《傳統下的獨白》，造成震撼。<br>☆考上台大歷史研究所，隔年休學。 | ☆抨擊蔣中正成政治犯<br>☆因台獨名單被軟禁，隔年服刑5年多。 | ☆和女友劉會雲同居，女友介紹遠景書局老闆，出版《獨白下的傳統》<br>☆復出文壇、震撼台灣<br>☆積極公開演講長達10年<br>☆追求胡茵夢並結婚，4個月後離婚 |

| 大流年 | 2、2-4/9 | 本命盤 | 本命盤 |
|---|---|---|---|
| 轉換點 | 52~53歲 | 61~62歲 | 70~71歲 |
| 斷言 | ☆法院宣判：「蕭孟能的2000萬家產，歸李敖所有」，因此一戰致富<br>☆開始上媒體演說 | ☆開始主持節目 | ☆參選台北市長、慘敗<br>☆多次脫序問政<br>☆與鳳凰衛視合作《李敖有話說》，最後一集宣佈將專心寫作<br>☆展開大陸文化之旅，造成李敖炫風。 |

## 命盤

主星 2 　輔星 1、1 　隱藏輔星 2、9

金牛座 2 　生日魔數 7

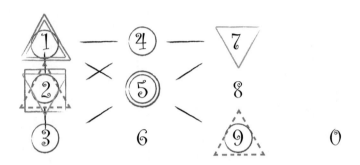

## 李敖--1935年4月25日

### 0歲～25歲

命盤主星 2 命盤輔星 1、1 命盤隱藏輔星 2、9

金牛座 2 　生日魔數 7

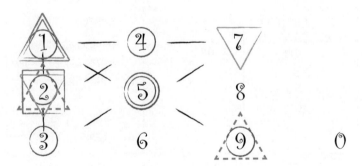

## 第一轉換點：25歲

☆在文星雜誌，力主西化，掀起文化論戰，成為名人。
☆為文星鐵三角
☆第一本書《傳統下的獨白》，造成震撼。
☆考上台大歷史研究所，隔年休學。

25～34歲：
後天流年主星　2　　後天流年輔星　1、1　　先天流年數　4

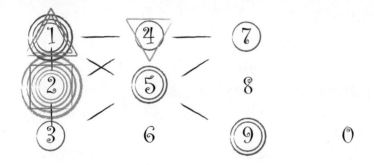

## 第二轉換點：34歲

☆抨擊蔣中正成政治犯
☆因台獨名單被軟禁，隔年服刑5年多。

34～43歲：
後天流年主星　7　　後天流年輔星　2、5　　先天流年數　7

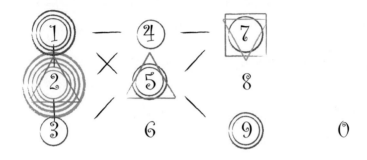

## 第三轉換點：43歲

☆和女友劉會雲同居，女友介紹遠景書局老闆，出版
《獨白下的傳統》

☆復出文壇、震撼台灣

☆積極公開演講長達10年

☆追求胡茵夢並結婚，4個月後離婚

43～52歲：

後天流年主星 9　後天流年輔星 2、7　先天流年數 7

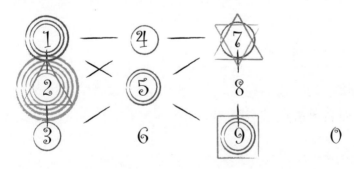

## 第四轉換點：52歲

☆法院宣判：「蕭孟能的2000萬家產，歸李敖所有」，
因此一戰致富

☆開始上媒體演說

52～61歲：
後天流年主星 4　　後天流年輔星 2、2　　先天流年數 9

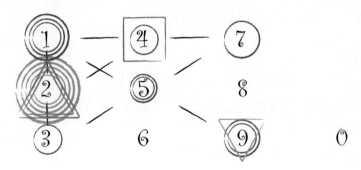

## 第五轉換點：61歲

☆開始主持節目

61～70歲：
命盤主星 2　　命盤輔星 1、1　　命盤隱藏輔星 2、9
金牛座 2　　生日魔數 7

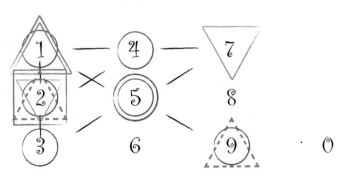

## 70歲

☆參選台北市長、慘敗

☆多次脫序問政

☆與鳳凰衛視合作《李敖有話說》，最後一集宣佈將專心寫作

☆展開大陸文化之旅，造成李敖炫風。

70歲以後：
命盤主星 2　命盤輔星 1、1　命盤隱藏輔星 2、9
金牛座 2　生日魔數 7

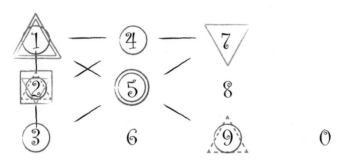

## 李敖論命

　　台灣有一位穿著紅外套，打著紅領帶的狂人－－李敖。文如其人、是位特立獨行的怪咖。

　　李大師精通文史、學貫中西，強力主張反傳統、反封建、揭時弊、罵昏政。他的文章針貶時弊、驚世駭

俗、見解獨到、自成一派。他的評論、往往一針見血、有憑有據、非常不留情面的說到對方投降為止。

就連言詞犀利、所向無敵的小S，都甘拜下風，在節目上頻頻示好。

李敖晚年受到流年2、2－4／9的巨大影響，說話的調調、改成調侃、耍嘴皮，形成另一種的李式幽默，看看李大師的命盤，主星2、輔星有4個－2、9、1、1。是個內心自我衝突的雙面性格，心思細密又固執如頑石，敏感易受傷卻能衝鋒陷陣、臨危不亂。

2數代表家庭、戀情、依賴。打從16歲開始，李大師就喜歡追求美女，而且一定是有才情、有美貌的女生。李大師的戀情從不間斷、無縫接軌的相當有技巧。最耐人尋味的就是43歲轉換點那一年，和女友劉會芸同居，卻又劈腿當紅電影明星胡茵夢。這段錯綜複雜的三角習題、轟轟烈烈、膾炙人口。同居女友劉會芸選擇退讓，李大師立刻和胡茵夢結婚，世事多變、他們的婚姻只維持三個月又22天，跌破世人眼鏡。爾後2人形同死敵，互相攻擊、誓不兩立。

到了胡茵夢50歲生日時，李大師出了個怪招，送了50朵玫瑰花。60歲生日，李大師又再度放話，還要送60朵玫瑰花－這就是典型的2。

最有意思的是，沒有8數的李大師，對經商盈利完全沒有興趣。其實、李大師一生只有三件事：

1.愛家、為妻小而辛勞。

2.理想、為抱負而奮戰。

3.自大狂傲、語不驚人死不休。

**巫婆Q預言：**

☆ 52歲以後、李敖開始購買房地產，並且用他自己的名字。

☆ 最後一任妻子王小屯，會與李敖廝守終身。60歲以後，李大師終於看破紅塵，回歸家庭，絕對是個愛家的好男人。

☆ 今年(2015)，李敖需要注意自己的健康哦。大師千萬不要告我哦！這是一本算命書，我只是盡忠職守的說出預言而已，如果有準，……這、這、這也是神的旨意，不是我的意思哦。

☆ 私下的李敖絕對是個溫文儒雅、氣質彬彬的文人。電視上那個口出狂言，到處告人的李敖，是內心深處反叛的他。

大師、被我說對了，要稱讚一下哦！Yes！我已經聽到大師的讚美了。呵呵！

## 陳水扁--鋃鐺入獄的前總統

1950年10月12日

| 大流年 | 1、3－4／1 | 1、8－9／3 |
|---|---|---|
| 轉換點 | 26~27歲 | 35~36歲 |
| 斷言 | ☆成立華夏海事法律事務所<br>☆擔任長榮海運法律顧問<br>☆長女陳幸妤出生 | ☆辭台北市議員職務<br>☆競選台南縣縣長敗選<br>☆判刑一年<br>☆妻子吳淑珍車禍，半身不遂<br>☆妻子吳淑珍當選立法委員 |

| 大流年 | 1、3－4／3 | 1、6－7／6 | 本命盤 |
|---|---|---|---|
| 轉換點 | 44~45歲 | 53~54歲 | 62~63歲 |
| 斷言 | ☆當選台北市市長<br>☆積極推動捷運完工，鐵腕掃黃及掃黑。 | ☆成功連任總統<br>☆319槍擊案，選舉險勝，真相不明。 | ☆民進黨總召柯建銘，提出再入黨申請，通過。<br>☆再度加入民進黨 |

## 命盤

主星 1　輔星 1、0　隱藏輔星 1、9

天秤座 7　生日魔數 3

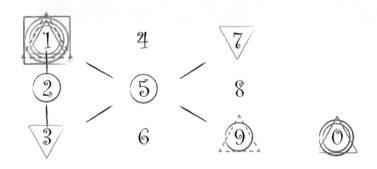

## 陳水扁--1950年10月12日

### 0〜26歲

命盤主星　1　　命盤輔星　1、0　　命盤隱藏輔星　1、9
天秤座　7　　生日魔數　3

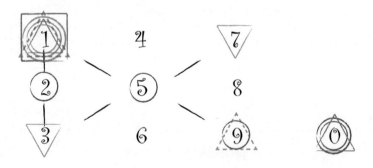

## 第一轉換點：26歲

☆成立華夏海事法律事務所
☆擔任長榮海運法律顧問
☆長女陳幸妤出生

26～35歲：
後天流年主星 4　　後天流年輔星 1、3　　先天流年數 1

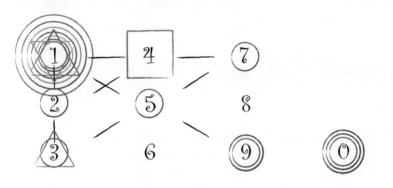

## 第二轉換點：35歲

☆辭台北市議員職務
☆競選台南縣縣長敗選
☆判刑一年
☆妻子吳淑珍車禍，半身不遂
☆妻子吳淑珍當選立法委員

35～44歲：
後天流年主星 9　　後天流年輔星 1、8　　先天流年數 3

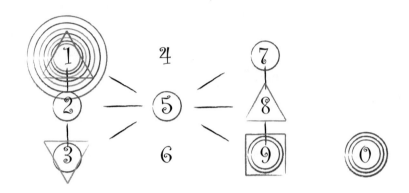

## 第三轉換點：44歲

☆當選台北市市長

☆積極推動捷運完工，鐵腕掃黃及掃黑。

44～53歲：

後天流年主星 4　　後天流年輔星 1、3　　先天流年數 3

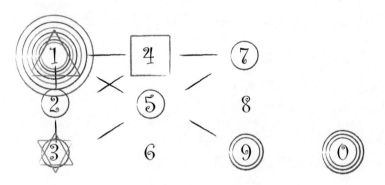

## 第四轉換點：53歲

☆成功連任總統

☆319槍擊案，選舉險勝，真相不明。

53～62歲：

後天流年主星 7　　後天流年輔星 1、6　　先天流年數 6

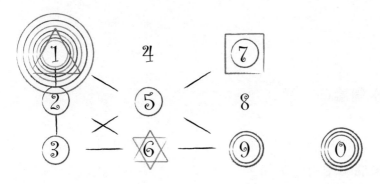

## 第五轉換點：62歲

☆民進黨總召柯建銘，提出再入黨申請，通過。

☆再度加入民進黨

62歲之後：

命盤主星 1　　命盤輔星 1、0　　命盤隱藏輔星 1、9

天秤座 7　　生日魔數 3

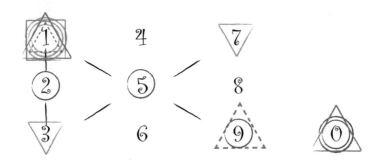

## 陳水扁論命

　　我們來批一批、論一論，在台灣歷史上，第一位入監服刑的總統－ㄚ扁。

　　看到ㄚ扁命盤中、1數的磁場那麼強烈，我的心頭不由自主的震了一下，1數代表，獨斷獨行，唯我獨尊，而且是個為達目的、可以使出各種花招的政客。

　　ㄚ扁從小立定志向，一定要出人頭地、顯宗耀祖、以命論命、ㄚ扁是個"強人之命"。他走政治圈還真是走對了，強出頭的ㄚ扁，果然一舉登上總統寶座。其實ㄚ扁剛開始，還真的想為小老百姓，做些事情。

　　可惜35歲開始，ㄚ扁變了，我是從流年上看的呦，我知道你們很懷疑，那麼請大家看看阿扁的流年啊，1、8－9/3，準吧。阿扁覺得除了要做大事之外，錢也是很重要的。

　　有人說，阿扁很會作秀，是的，巫婆Q給你拍拍手，沒錯，就是3數。

ㄚ扁的生日魔數也是3，表示他口若懸河、辯才無礙。

　　44~53歲，後天流年1、3－4，從流年看、ㄚ扁心機頗深喔、是個會出暗招的人。他是人前笑、背後嘲，會耍小把戲的人哦，更會給人穿小鞋的人。

　　4數的口風緊，如果想從ㄚ扁口中套出啥來，那是不可能的任務。

　　ㄚ扁的耐力強，又好勝，絕對是那種君子復仇、十年不晚的個性。ㄚ扁不善團隊運作，適合獨斷獨行。

　　ㄚ扁的一生就是贏在，敢衝、敢拼，及無人能敵的好口才上。

### 巫婆Q預言：

　　☆　ㄚ扁是可以長時間獨處的人，在1點多坪的牢房裡，ㄚ扁還可以悠遊的寫文章，甚至出書，真是1數的奇葩。

　　☆　63歲再次加入民進黨的黨籍，我斷言：於事無補、效用不大。

　　☆　雖然ㄚ扁人在獄中，還可以懂得掌握時機，上上新聞，作作秀，他必須等到70歲之後，才有機會翻身。

　　☆　未來五年，阿扁會有貴人相助，朋友也會相挺哦，驚訝吧！

## 國家圖書館出版品預行編目資料

西洋八字 / 巫婆Q著

--初版-- 臺北市：博客思；2015.3 面；公分--( 星象命理 1 )

ISBN：978-986-5789-47-3(平裝)

1.占卜 2.數字

292.9                                              104000223

星象命理 1

# 消失千年的祕數術－－西洋八字

作　　者：巫婆Q

執行編輯：張加君

美　　編：謝杰融

封面設計：謝杰融

出 版 者：博客思出版事業網

發　　行：博客思出版事業網

地　　址：台北市中正區重慶南路1段121號8樓之14

電　　話：(02)2331-1675或(02)2331-1691

傳　　真：(02)2382-6225

E—MAIL：books5w@yahoo.com.tw或books5w@gmail.com

網路書店：http://www.bookstv.com.tw 、華文網路書店、三民書局

　　　　　http://store.pchome.com.tw/yesbooks/

　　　　　博客來網路書店 http://www.books.com.tw

總 經 銷：成信文化事業股份有限公司

劃撥戶名：蘭臺出版社 帳號：18995335

香港代理：香港聯合零售有限公司

地　　址：香港新界大蒲汀麗路36號中華商務印刷大樓

　　　　　C&C Building, 36,Ting, Lai, Road, Tai,Po, New,Territories

電　　話：(852)2150-2100　傳真：(852)2356-0735

總 經 銷：廈門外圖集團有限公司

地　　址：廈門市湖裡區悦華路8號4樓

電　　話：86-592-2230177　傳真：86-592-5365089

出版日期：2015年3月 初版

定　　價：新臺幣280元整（平裝）

ISBN：978-986-5789-47-3(平裝)